यशोधरा की आत्मकथा

यशोधरा की आत्मकथा

बाबूराम त्रिपाठी

वाणी प्रकाशन

वाणी प्रकाशन

4695, 21-ए, दरियागंज, नयी दिल्ली 110 002

शाखा

अशोक राजपथ, पटना 800 004

फ़ोन : +91 11 23273167 फ़ैक्स : +91 11 23275710

www.vaniprakashan.in
vaniprakashan@gmail.com
sales@vaniprakashan.in

YASHODHARA KI AATMKATHA
by Baburam Tripathi

ISBN : 978-93-87648-21-0

Novel

प्रथम संस्करण

मूल्य : ₹ 295

सिटी प्रेस, दिल्ली-110 095 में मुद्रित

वाणी प्रकाशन का लोगो मक़बूल फ़िदा हुसेन की कूची से

मेरे सृजन की प्रेरणा-स्रोत धर्म-पत्नी

स्वर्गीया निर्मला की

पुण्य-स्मृति

को

एक

मैं यशोधरा हूँ, प्रवृत्ति-निवृत्ति के बीच पिसी वह यशोधरा, जिसके पति बुद्धत्व प्राप्त करके अपनी अमृत वाणी से लोगों के दुःख-सन्तप्त हृदय को शीतलता प्रदान कर रहे हैं, उन्हें सन्मार्ग पर चलने की प्रेरणा दे रहे हैं। और मैं, मैं जीवन की रिक्तता के दंश से छटपटा रही हूँ।

कितने उत्साह के साथ मैंने कपिलवस्तु के राजप्रासाद में प्रवेश किया था! सोचा था, कपिलवस्तु के राजकुमार के सम्बन्ध में की गयी ज्योतिषियों एवं असित मुनि की भविष्यवाणियों को मिथ्या सिद्ध कर दूँगी, आर्यपुत्र के भाग्य-लेख को नये सिरे से लिख दूँगी, उनकी विरक्ति-उन्मुखता के चलते राजप्रासाद पर मँडराते दुःख के मेघों को तितर-बितर कर दूँगी, पर भवितव्यता के सामने मेरी कहाँ कुछ चल पायी? मेरे प्रयास, मेरे संकल्प, सब के सब धराशायी हो गये। सच कहूँ, तो आज मेरी दशा उस पंछी की है, जिसके पर दुर्भाग्य ने कतर दिये हैं।

मेरा बचपन कितना सुन्दर एवं सुखद था! ऐसा लाड़-प्यार भरा शैशव कहाँ किसको मिलता है। कभी प्रासाद के उद्यान में पक्षियों के साथ चहकती, तो कभी फूलों पर बैठी रंग-बिरंगी तितलियों को पकड़ने का प्रयास करती और कभी पुष्करिणी में जल-विहार करते जल-पक्षियों को देखकर कल्पना करती–'काश! मैं भी पक्षी होती, इसी तरह पुष्करिणी की लहरों से खेलती।'

पिताजी का स्नेह तो देखते ही बनता था। वे जब भी कहीं से आते, जब तक मुझे दुलार न लेते, तब तक उनकी थकावट ही न दूर होती। एक दिन मुझे गोद में लेकर उन्होंने बड़े स्नेह से कहा–"क्यों री, तू पुत्र क्यों

न हुई?'' इतना सुनते ही मेरा रोष मुखर हो उठा–''आप ऐसा क्यों कहते हैं? क्या पुत्रियाँ अपने माता-पिता की सेवा नहीं करती? यदि पुनः ऐसा कहा, तो आपसे कभी नहीं बोलूँगी।''

''अरे, मैं तो परिहास कर रहा था। मेरे लिए तो तुम पुत्र से भी बढ़कर हो।'' इस प्रकार उन्होंने मुझे अनेकविध मनाने का प्रयास किया।

उस समय तो नहीं, पर आज जब पिताजी के उन शब्दों पर 'तू पुत्र क्यों न हुई', ध्यान जाता है, तो मैं इस सच्चाई को नकार नहीं पाती कि बहुत अच्छे होने पर भी वे इस कुंठा से ग्रस्त थे।

बचपन को लाँघकर मैं कब किशोरावस्था में पहुँच गयी, इसका मुझे ध्यान ही न रहा। इतना अवश्य स्मरण है कि माँ का अनुशासन पहले की अपेक्षा कुछ अधिक कठोर हो गया था। कभी वह मेरे पहनावे-ओढ़ावे को लेकर डाँटती, तो कभी मेरी चंचलता को लेकर।

उस दिन का उसका रौद्र रूप भुलाये नहीं भूलता। मैं सखियों के साथ उद्यान में खेल रही थी कि इसी बीच एक लड़का आया और बड़े ध्यान से हमारे खेल को देखने लगा। दुर्योग से माँ की दृष्टि उस पर पड़ गयी। मारे क्रोध के उसका मुँह लाल हो गया। उसने आँखें तरेरते हुए पूछा–''इन लड़कियों के बीच तुम यहाँ क्या कर रह रहे हो? ये खेल रही हैं और तुम इन्हें घूर-घूरकर देख रहे हो? चले जाओ यहाँ से, नहीं तो मेरे क्रोध को मुखर होने में समय नहीं लगेगा।''

माँ के इस व्यवहार से वह असहज हो उठा। यद्यपि प्रतिक्रिया में उसने कुछ नहीं कहा, पर उसकी आक्रोश भरी मुद्रा मौन रहकर भी बहुत कुछ कह गयी। उस समय माँ का वह बर्ताव हम सभी को बुरा लगा, क्योंकि वह लड़का अकारण डाँटा गया था। उसके जाने के बाद माँ का क्रोध मेरे ऊपर बरस पड़ा–''गोपा, अब तुम बच्ची नहीं रही। तुम्हारा इस तरह खेलना मुझे नहीं पसन्द है। फिर, तुम साधारण लड़की नहीं, राजकन्या हो। तुम्हारा हर कदम राजप्रासाद की मर्यादा के अनुकूल होना चाहिए।''

माँ की डाँट से मैं खिन्न न हो जाऊँ, पिताजी तुरन्त प्रतिवाद कर बैठे–''बच्ची नहीं तो क्या बूढ़ी है? अभी से इसका बचपन क्यों छीन लेना चाहती हो?'' इतना कहकर वे बड़े स्नेह से मेरे सिर को सहलाने लगे।

''लगता है, आपका लाड़-प्यार इसको बिगाड़कर ही साँस लेगा। अरे बाबा, यह तेरह वसन्त पूरी कर चुकी है। अब तो अपनी लाड़ली को अनुशासन में रहना सिखलाइये, कब तक इसे बच्ची बनाकर रखेंगे?''

"अपना उपदेश अपने पास रखो। तुम यह क्यों भूल जाती हो कि माता-पिता के लिए बच्चे, बच्चे ही रहते हैं।" इस तरह मुझे लेकर उन दोनों में कुछ देर तक नोक-झोंक होती रही।

युवावस्था में प्रवेश करते ही मेरे रूप-रंग की सुगन्ध न केवल देवदह में, अपितु अन्य राज्यों में भी व्याप्त हो गयी। एक से एक सम्भ्रान्त व्यक्ति मुझे अपनी बहू बनाने के लिए पिताजी के पास सन्देश भेजने लगे। कुछ लोग तो स्वयं आकर उनसे अनुरोध करते थे। एक दिन वे बड़े गर्व के साथ माँ से बोले–"देख रही हो न, मेरी गोपा को बहू बनाने के लिए लोगों के किस तरह अनुरोध पर अनुरोध आ रहे हैं। कल एक सम्भ्रान्त व्यक्ति ने अपने पुत्र के लिए जब इसका हाथ माँगा, तो मैं स्तब्ध रह गया और कुछ देर तक उसे ऊपर से नीचे तक देखता रहा। इच्छा तो यही हुई कि फटकार दूँ, पर बहुत कुछ सोच-समझ कर अपने क्रोध को पी गया। फिर भी मेरे उत्तर की प्रकृति उष्ण ही रही–'देखो भाई, सम्बन्ध समान स्तर वालों में होता है, हम दोनों के बीच तो बड़ा अन्तर है।' इतना सुनते ही वह झेंप गया और प्रणाम करके चला गया।"

माँ विनम्र और मितभाषी थी। उसके मुँह से बड़े नपे-तुले शब्द निकलते थे। उसने पिताजी की गर्व भरी उच्छृंखलता पर प्रहार करते हुए कहा–"आपको इस तरह दम्भभरी बातें नहीं करनी चाहिए। देख रही हूँ, गोपा को लेकर आपके पाँव धरती पर नहीं पड़ रहे हैं। जब होता है, तब अपनी बेटी के रूप-रंग की प्रशंसा का पुल बाँधने लगते हैं, थोड़ा गम्भीर रहने का प्रयास करें। जब आप ही इस तरह इतरायेंगे, तो गोपा को पंख लग ही जायेंगे। आजकल तो वह वैसे ही अपनी सारी ऊर्जा रूप-रंग सँवारने में लगा दे रही है। कभी-कभी पिता-पुत्री की दम्भभरी गतिविधियों को देखकर मैं सोच में पड़ जाती हूँ। ईश्वर न करे कि आपकी बेटी के सौन्दर्य को किसी की दीठ लगे।" इतना कहकर वह वहाँ से उठकर चली गयी।

माँ के इस रूक्ष उपदेश से पिताजी का न केवल गर्व आहत हुआ, अपितु उनकी प्रसन्नता भी तिरोहित हो गयी। बाद में मैंने माँ से अपनी प्रतिक्रिया व्यक्त भी की–"तुम्हें हो क्या गया है, जो पिताजी की हर बात का विरोध कर बैठती हो? जानती हो, तुम्हारे चले जाने के बाद वे बहुत देर तक उदास बैठे रहे। सच कहूँ, तो वे जितने सरल हैं तुम उतनी ही कठोर हो। कुशल है कि उनका स्वभाव तुम्हारे जैसा नहीं है, नहीं तो तुम दोनों का दाम्पत्य जीवन नरक हो जाता।"

"देख गोपा, तुम्हारे पिताजी का हल्कापन मुझे अच्छा नहीं लगता। जो बातें उन्हें नहीं कहनी चाहिए, उसे भी कह जाते हैं। जब अति हो जाती है, तो टोक देती हूँ।" इतना कहकर वह भावुक हो गयी।

"देखो माँ, जिसे तुम पिताजी का हल्कापन समझती हो, वह उनकी सहजता है। वे गम्भीरता को ओढ़कर नहीं जीते और अपने इसी गुण के कारण वे सदैव प्रसन्न भी रहते हैं और यदि तुम यह चाहती हो कि वे तुम्हारे अनुसार चलें, तो यह तुम्हारी भूल है क्योंकि हर आदमी के जीने का अपना एक ढंग होता है और वही उसकी पहचान होती है।" इस प्रकार मैंने उसे समझाने का प्रयास किया। उस समय पिताजी के पक्ष में मेरे द्वारा दिये गया तर्क माँ को रास नहीं आया। वह तुरन्त आवेश में आ गयी–"गोपा, अभी तुम बच्ची हो, इतनी समझदार नहीं हो गयी हो कि मुझे उपदेश दो, कुछ देर के लिए मुझे अकेला छोड़ दो।" उसकी उस समय की मुद्रा को देखकर मैंने वहाँ से हट जाना ही उचित समझा।

दो

विवाह के पूर्व राजकुमार सिद्धार्थ के विषय में तरह-तरह की बातें सुनती रहती थी। सोचती थी कि वे कैसे हैं, जिनके विषय में ज्योतिषियों एवं असित मुनि ने ऐसी भविष्यवाणी कर दी कि महाराज शुद्धोदन की सुख-शान्ति तिरोहित हो गयी। सुना है, महाराज ने राजकुमार को सुख-सुविधाओं के परकोटे में इस तरह बन्द कर रखा है कि संसार के वास्तविक रूप से कभी वे परिचित ही न हो पायें। अशुभ दृश्य की बात तो दूर रही, अशुभ शब्द भी उनके कान तक नहीं जाने पाते। इस तरह वे कब तक उन्हें यथार्थ से दूर रखेंगे? महाराज को कौन समझाये कि जिस दिन वर्जनाओं का यह बाँध टूटेगा, उस दिन वह सँभाले नहीं सँभलेगा। उचित तो यह है कि कपिलवस्तु नरेश उन्हें परिस्थितियों के हाथ सौंप दें। इससे वे अपने समवयस्कों के बीच रहकर समाज के शुभ-अशुभ पक्षों से परिचित होते रहेंगे।

आश्चर्य तो इस बात का है कि महाराज उन्हें चक्रवर्ती राजा बनाने की सोच रहे हैं। भला बताइये, जो आदमी हंस को बाण-बिद्ध देखकर अस्थिर हो गया हो, जिसके कानों में नर्तकियों के नूपुरों की मधुर ध्वनि के अतिरिक्त और कोई ध्वनि जाती ही न हो, जिसने मधुर रस के अतिरिक्त कभी खट्टे रस का पान ही न किया हो, उससे चक्रवर्ती राजा होने की आशा करना यथार्थ को झुठलाना नहीं तो और क्या है? वे तो प्रकृति से ही कोमल हैं, राजप्रासाद के विलासमय वातावरण ने उन्हें और अधिक कोमल बना दिया है।

हाँ, तो मुख्य बात जो कहना चाहती हूँ, वह यह है कि उस सुकुमार

एवं करुणा की मूर्ति राजकुमार के दर्शन के लिए मैं अनवरत प्रयत्नशील रहती थी। यद्यपि एक बार रोहिणी नदी के तट पर खड़े उन्हें दूर से देख चुकी हूँ, पर निकट से उनके दर्शन का अवसर नहीं मिल पाया था। अन्ततः वह अवसर मिल ही गया। एक दिन नगर में ढिंढोरा पीटकर यह सूचना प्रसारित की गयी–'राजकुमार सिद्धार्थ शाक्य कन्याओं को पुरस्कार के रूप में रत्नाभूषण प्रदान करेंगे। अतः उनके कर-कमलों से पुरस्कार प्राप्त करने की इच्छुक कन्याएँ कल समय से राजप्रासाद के संस्थागार में उपस्थित हों।'

यद्यपि मेरे लिए पिताजी का अनुशासन कठोर नहीं था और माँ की उपस्थिति में तो वे भूलकर भी मुझे कभी कुछ नहीं कहते थे। फिर भी एकान्त में वे अवश्य अनुशासन में रहने की सीख देते थे। और मेरी धृष्टता देखिए, अवसर मिलते ही मैं उनके अनुशासन की सीमा का उल्लंघन करके अपनी सहेलियों से मिल आती थी और उन्हें जब पता चलता था, तो उनका स्नेह कठोरता में परिणत हो जाता था। एक बार तो उन्होंने मुझे समझाया भी–"गोपा, अब तुम बच्ची नहीं रही, इस वय में तुम्हें हर पग फूँक-फूँककर रखना चाहिए। यह जान लो, एक बार जब कोई गिर जाता है, तो उसे जीवनभर गिरा ही माना जाता है।"

उस दिन जब मैंने उस समारोह में जाने के लिए उनसे अनुमति माँगी, तो वे असहज हो उठे और कुछ देर तक तो मुझे ऐसे देखते रहे जैसे मैं उनके लिए अपरिचित होऊँ। जब कुछ सहज हुए, तो बोले–"नहीं, वहाँ जाने की कोई आवश्यकता नहीं। क्या पड़ी है तुम्हें, जो राजकुमार के हाथ से पुरस्कार लेने वहाँ जाओ।"

"मुझे पुरस्कार का लोभ नहीं है, इसी बहाने मैं उस राजकुमार के दर्शन करना चाहती हूँ, जिसके विषय में आये दिन कोई न कोई विचित्र बात सुनने को मिलती है।"

"अभी तक तो कपिलवस्तु में इस तरह का आयोजन नहीं हुआ था, सहसा महाराज शुद्धोदन के मस्तिष्क में यह बात कैसे आ गयी?"

"पिताजी, आप बहुत दूर तक की सोच जाते हैं। इतना ही नहीं, कभी-कभी आपकी सोच नकारात्मक भी होती है। उस दिन की घटना स्मरण है? उस संन्यासी के विषय में आपने यही कहा था न–'गोपा, उसे देख रही हो, मुझे तो वह धूर्त लग रहा है। लोगों की आँखों में धूल झोंककर अपना उल्लू सीधा करता होगा।' लेकिन जब आपको उसका सान्निध्य प्राप्त

हुआ, तो उसके व्यक्तित्व से आप इतना प्रभावित हुए कि उसे बहुत कुछ देने के लिए उद्यत हो गये, पर उस भले आदमी ने भोजन के अतिरिक्त किसी अन्य वस्तु को स्पर्श तक नहीं किया।"

"अच्छा बाबा जा, तर्क में तो तुमसे विधाता नहीं पार पा सकते, मेरी क्या सामर्थ्य।" उस समय उनके इन शब्दों में उनकी विवशता दिखाई दे रही थी।

कभी-कभी दूसरों की प्रसन्नता के लिए हमें अपनी भी प्रसन्नता की बलि देनी पड़ती है। ऐसी स्थिति में हमारे सामने छटपटाने के अतिरिक्त और कोई चारा नहीं बचता। पिताजी के साथ यही हुआ न! उस समय उन्हें उदास देखकर मुझे ऐसा लगा जैसे उन्होंने अनुमति नहीं, अपनी सुख-शान्ति दे दी हो। और मेरा स्वार्थ देखिए, उन्हें उद्विग्न देखकर भी मैं राजकुमार के दर्शन का मोह-संवरण नहीं कर पा रही थी। सोचा, आज नहीं तो कल पिताजी सहज हो ही जायेंगे, पर सम्प्रति यह सुअवसर हाथ से निकल गया, तो पुनः इतने निकट से राजकुमार को नहीं देख पाऊँगी।

पिताजी का अनुमान सच निकला। महाराज शुद्धोदन निरुद्देश्य इतना बड़ा आयोजन नहीं कर रहे थे। उसके मूल में राजकुमार सिद्धार्थ के लिए उपयुक्त वधू का चयन करना था। वहाँ पहुँचने पर मैंने देखा कि एक-सी-एक सुन्दर कन्याएँ सज-धजकर आयी थीं। ऐसा प्रतीत हो रहा था जैसे सौन्दर्य-प्रदर्शन की कोई प्रतियोगिता हो। सुन्दरियों के पहनावे-ओढ़ावे में विलासिता थी। अंग-प्रदर्शन तो पराकाष्ठा पर था। उनके हाव-भाव से लग रहा था कि उन्हें अपनी सुन्दरता पर बड़ा गर्व है। हाँ, उनमें कुछ ऐसी भी थीं, जो बड़ी शालीनता से एक-दूसरे से बातें कर रही थीं।

अद्भुत दृश्य था वह। समारोह-स्थल को रंग-बिरंगे फूलों से इस तरह सजाया गया था, जैसे कोई पुष्पित उद्यान लाकर रख दिया गया हो। वहाँ का एक-एक कण राजकुमार को देखने के लिए व्यग्र था। पूरे वातावरण में प्रसन्नता की लहर दौड़ रही थी।

राजकुमार सिद्धार्थ की तटस्थता देखिए, वे एक-एक करके कन्याओं को पुरस्कार देते जा रहे थे, पर किसी के सौन्दर्य को निहारने का न तो उनके पास समय था और न ही उनकी कोई रुचि दिख रही थी। हाँ, सुन्दरियाँ उन्हें देखकर अवश्य कृतकृत्य हो रही थीं। उनके कर-कमलों से वे पुरस्कृत जो हो रही थीं। संयोग देखिए, जब मेरी बारी आयी, तो मुझे देने के लिए उनके पास एक भी पुरस्कार न था, सब बँट चुके थे। उस

समय शरीर से वे वहाँ अवश्य थे, पर उनका मन कहीं और था। उनके ध्यान को आकृष्ट करने के लिए मैंने मुस्कराते हुए निवेदन किया–"मुझे पुरस्कार नहीं मिलेगा क्या?"

"पुरस्कार तो बँट गये!" कहकर उन्होंने बड़े ध्यान से मुझे देखा।

"तो क्या मुझे कुछ नहीं मिलेगा?"

"अच्छा लो, तुम्हें मैं सबसे बहुमूल्य वस्तु भेंट करता हूँ।" इतना कहकर उन्होंने अपनी रत्नजटित अँगूठी मुझे दे दी।

सच कहूँ, तो उस घड़ी न तो मेरी प्रसन्नता समा रही थी और न ही मेरे पाँव धरती पर पड़ रहे थे। लगता था कि विधाता ने संसार की सारी प्रसन्नता मेरे आँचल में डाल दी हो। वस्तुतः उस समारोह का मुख्य आकर्षण यह नहीं था कि किसको क्या मिला। महत्वपूर्ण यह था कि राजकुमार ने किसे कितना महत्त्व दिया और यह सभी को ज्ञात हो गया कि उन्होंने सबसे अधिक महत्त्व मुझे दिया। कन्याओं में कुछ ऐसी भी थीं,जो राजकुमार के उपेक्षा-भाव से बुरी तरह से आहत थीं। रह-रहकर उनका आक्रोश मुखर हो उठता था। एक ने तो मुझे सुनाकर अपनी प्रतिक्रिया ऐसे व्यक्त की जैसे मैं कपिलवस्तु के राजपरिवार की सदस्य होऊँ–"राजकुमार अपने को समझता क्या है? हम लोग उसके पुरस्कार के भूखे थोड़े ही हैं, हम तो उसके मुँह से प्रेम के दो शब्द सुनना चाहते थे, पर उसके उपेक्षात्मक व्यवहार ने हमारी आशा पर पानी फेर दिया।" उसकी इस तीक्ष्ण प्रतिक्रिया को सुनकर भी मैंने नहीं सुना, इससे वह और अधिक चिढ़ गयी।

"तुम भी कैसी बात करती हो? जिस राजकुमार के दर्शन के लिए हम लालायित रहते थे, जिसे देखने के लिए लोग वातायन एवं छतों का आश्रय लेते हैं, आज उस महाविभूति के हाथ से हम पुरस्कृत हुए, हमारे लिए यह गौरव की बात नहीं है क्या?" दूसरी ने इस तरह प्रतिवाद किया।

यद्यपि उस समय मैंने कोई क्रिया-प्रतिक्रिया नहीं व्यक्त की, पर मेरे मुखमंडल पर प्रसन्नता मिश्रित गर्व अवश्य इतरा रहा था। एक सखी ने मेरे भाग्य की सराहना भी की–"गोपा, सच में तुम बड़ी भाग्यशाली हो। राजकुमार ने पुरस्कार के रूप में तुम्हें अपनी बहुमूल्य अँगूठी दी, यह हमारे लिए ईर्ष्या का विषय हो सकता है, पर इतने के बाद भी तुम बधाई की पात्र हो।"

"धन्यवाद।" कहकर मैं भाव-विभोर हो उठी।

वहाँ से जैसे ही मैं जाने के लिए उद्यत हुई कि एक परिचारिका ने

आकर सूचना दी–"आपको राजकुमार जी बुला रहे हैं?" इतना कहकर वह मुस्करा उठी।

इस सूचना ने मेरी प्रसन्नता को असीम कर दिया। मेरा रोम-रोम पुलकित हो उठा। वस्तुतः पुरस्कार वितरण के तत्काल बाद राजकुमार द्वारा किसी पुरस्कृत कन्या को बुलवाना बहुत बड़ी बात थी।

"कहाँ रहती हो?"

"मैं देवदह नरेश दण्डपाणि की पुत्री यशोधरा हूँ।"

"मैंने यह कहाँ पूछा कि तुम किसकी पुत्री हो?"

"मैं जानती थी कि उसके बाद आप पिता का नाम भी पूछेंगे, इसलिए मैंने सब एक साथ बता दिया।"

"बड़ी वाक्पटु हो, पुरस्कार पसन्द है न?"

"पुरस्कार से अधिक आपका दर्शन महत्त्वपूर्ण है। इस कृपा के लिए मैं कृतज्ञ हूँ।"

इसमें कृतज्ञ होने की क्या बात है, मैं देवी-देवता थोड़े ही हूँ। तुम्हारी तरह मैं भी एक साधारण मनुष्य हूँ। संयोग होगा, तो पुनः भेट होगी।" इतना कहते-कहते वे न जाने किन विचारों में खो गये। कुछ देर तक तो मैं उनके सामने इस आशा से खड़ी रही कि वे कुछ और बोलेंगे, पर कहाँ ऐसा हुआ? वे खोये तो खोये ही रहे। फलतः निराश होकर वहाँ से चली आयी।

तीन

पुरस्कार-वितरण समारोह में राजकुमार द्वारा पुरस्कृत होकर मैं अपने को असाधारण समझने लगी थी। मेरी गर्वमिश्रित प्रसन्नता समा नहीं रही थी। पिताजी ने जब मेरी प्रसन्न मुद्रा देखी, तो वे असहज हो उठे। उन्होंने माँ से अपनी आशंका इन शब्दों में व्यक्त की–"अब नहीं अब बना। लगता है, कपिलवस्तु का राहु देवदह को ग्रसे बिना नहीं मानेगा।"

"आप अकारण चिन्ता करते हैं। समारोह में अपनी बेटी सम्मिलित हुई और राजकुमार ने पुरस्कार के रूप में उसे अपनी बहुमूल्य अँगूठी दी, तो इसमें कौन-सा अनर्थ हो गया? इससे तो हमारे गौरव में ही वृद्धि हुई है। देख रही हूँ, इन दिनों आपके मस्तिष्क में उल्टी-सीधी बातें अधिक आ रही हैं। जानते हैं, मनुष्य के दुःख का सबसे बड़ा कारण क्या है? वह है उसकी नकारात्मक सोच। किसी तथ्य के सकारात्मक पक्ष पर उसका ध्यान जाता ही नहीं। यह जान लीजिए, जिस दिन मनुष्य अपनी इस मनोवृत्ति से मुक्त हो जायेगा, उस दिन वह संसार का सबसे सुखी प्राणी होगा।"

इसके बाद वे कुछ असहज-से हो गये। फिर असहज होना स्वाभाविक भी तो था। भला बताइए पत्नी उपदेश दे और पति चुपचाप उसे सुनता रहे, यह कैसे सम्भव है? उस घड़ी उनका क्रोध नियंत्रित रहा, यही क्या कम था? फिर भी उनकी वाणी में असहजता आ ही गयी–"समझ में नहीं आता कि तुम्हें कैसे समझाऊँ कि इसके बाद क्या होने वाला है।"

"अच्छा तो बताइए, इसके बाद क्या होगा?"

"मैं आज ही भविष्यवाणी कर दे रहा हूँ, कल महाराज शुद्धोदन का कोई न कोई आदेशात्मक सन्देश अवश्य आयेगा।"

"आयेगा तो देखा जायेगा, अभी से क्यों चिन्ता करें। एक बात जान लें, होनी बड़ी प्रबल है, उसे कदापि नहीं टाला जा सकता। इसलिए जो हो रहा है, उसे तटस्थ भाव से देखते चलिए। भविष्य को लेकर चिन्तित होने की आवश्यकता नहीं है।"

"ठीक है, तुम्हारी बात मानकर अपने मन को समझाने की चेष्टा करता हूँ।" कहकर वे अन्यमनस्क भाव से अपने कार्य में लग गये।

दूसरे दिन हम लोग प्रासाद के प्रांगण में बैठे किसी विषय पर चर्चा कर रहे थे कि कपिलवस्तु से सन्देशवाहक आ धमका। पिताजी ने मुझे अन्दर जाने का आदेश देकर उसकी यथोचित आवभगत की। तदनन्तर पूछा–"हाँ, अब बताओ, महाराज शुद्धोदन ने क्या सन्देश भेजा है?"

"उन्होंने राजकुमार सिद्धार्थ के लिए आपकी पुत्री यशोधरा का हाथ माँगा है।"

"दूत, यह किसी भी स्थिति में सम्भव नहीं है, जाकर उनसे कह देना।"

"ठीक है महाराज, मैं सन्देशवाहक हूँ, आपकी बात महाराज शुद्धोदन तक पहुँचा दूँगा, पर जाने के पहले इतना अवश्य निवेदन कर देना चाहता हूँ कि राजकुमार सिद्धार्थ ने आपकी ही पुत्री को पसन्द किया है।"

इतना सुनते ही पिताजी तिलमिला गये। उस समय उनकी क्रुद्ध मुद्रा को देखकर हम सभी भयभीत हो गये। ऐसा लगा कि कहीं पिताजी उसे दण्डित न कर दें। सम्भवतः उन्हें इस बात का ध्यान था कि दूत क्षम्य होता है, तभी तो वे अपना क्रोध पीकर रह गये। इसके अतिरिक्त वह साधारण दूत भी तो नहीं था। कपिलवस्तु नरेश का संदेश जो लाया था। इन सबके बाद भी उन्होंने उसे चेतावनी दे ही दी-"दूत हो, तो दूत की सीमा में रहो। तुमने महाराज का सन्देश देकर अपने दूत-कर्म को पूरा किया। सिद्धार्थ ने किसे पसन्द किया, किसे नहीं, यह स्पष्ट करना तुम्हारे कर्त्तव्य के बाहर है।"

मैं कपाट की ओट में खड़ी सब सुन रही थी। मेरे कानों में जैसे ही ये सुखद शब्द आये कि 'राजकुमार सिद्धार्थ ने आपकी ही पुत्री को पसन्द किया है', मैं हर्षातिरेक में उछल पड़ी, पर विडम्बना देखिए, पिताजी के नकारात्मक उत्तर ने मेरी उस प्रसन्नता को तत्काल दबोच लिया। मैं मन ही मन उन्हें लगी कोसने–'ईश्वर न जाने कब इन्हें सद्बुद्धि देगा। भला बताइये, लोग सिद्धार्थ को जामाता के रूप में पाने के लिए लालायित हैं

और इन्होंने दूत से दो टूक उत्तर भेज दिया। इनके स्थान पर कोई और होता, तो इस शुभ-सन्देश को पाकर उसका मन-मयूर प्रसन्नता से नाच उठता। इतना ही नहीं, वह अपनी सारी व्यस्तताओं को छोड़कर महाराज शुद्धोदन की शरण में जाता और उनके प्रति आभार व्यक्त करता।'

जाना तो उन्हें था ही, कपिलवस्तु नरेश के उस सन्देश में आदेश का जो पुट था। जाने से पूर्व उन्होंने महाराज शुद्धोदन के प्रति अपना आक्रोश इन शब्दो में व्यक्त किया–"महाराज शुद्धोदन अपने पुत्र की प्रसन्नता के लिए गोपा जैसी भोली-भाली लड़की के जीवन के साथ खिलवाड़ करने पर तुले हैं, लेकिन मैं उनसे भी आगे हूँ। उनके सामने ऐसी शर्त रखूँगा कि उन्हें दिन में ही तारे दिखाई देंगे। उनसे स्पष्ट कह दूँगा–'मैं अपनी पुत्री का विवाह किसी शिल्पज्ञ से करूँगा' और वे अच्छी तरह जानते हैं कि शिल्पविद्या की कसौटी पर उनका पुत्र खरा नहीं उतरेगा।"

पिताजी के साहस को देखकर माँ स्तब्ध रह गयी। वस्तुतः महाराज शुद्धोदन जैसे शक्तिशाली राजा की इच्छा के विरुद्ध सिर उठाना एक तरह से उन्हें चुनौती देना था। इसलिए माँ ने उन्हें बड़े विनम्र स्वर में समझाया–"देखिए, क्रोध करने से कुछ नहीं हाथ लगेगा, क्योंकि उनकी शक्ति से आप अच्छी तरह परिचित हैं।"

"तो उनसे भयभीत होकर अपनी बेटी के जीवन को नरक हो जाने दूँ? मैंने जो सोचा है, ठीक सोचा है। शिल्पविद्या में निष्णात युवक के हाथ में ही गोपा का हाथ दूँगा।" इतना कहकर वे भारी मन से महाराज शुद्धोदन से मिलने कपिलवस्तु गये।

उनके जाने के बाद माँ उद्विग्न हो उठी। उसे इस बात का भय सालने लगा कि कहीं पिताजी महाराज शुद्धोदन से उलझ न जायँ और यदि ऐसा हुआ, तो यह निश्चित है कि उनकी क्रोधाग्नि देवदह को जलाकर राख कर देगी। उसकी उद्विग्नता देखकर जब मुझसे नहीं रहा गया, तो मैं लगी उसे समझाने–"माँ, तुम इतना अधीर क्यों होती हो? विश्वास करो, पिताजी और महाराज शुद्धोदन के बीच कोई विवाद नहीं होगा। दोनों सौमनस्यपूर्ण वातावरण में ही कोई निर्णय लेंगे। इसके अतिरिक्त जहाँ अपना वश न चले, वहाँ सब कुछ ईश्वर पर छोड़ देना चाहिए।"

उस समय माँ का चिन्तित होना स्वाभाविक था, क्योंकि पिताजी की हठधर्मिता से महाराज शुद्धोदन पहले से ही चिढ़े हुए थे। वह तो उनके पुत्र के विवाह की बात थी, अन्यथा अब तक वे अपना क्रोध उतार चुके होते।

पिताजी जैसे लोग तो उनके सामने सिर उठाकर बात भी नहीं करते थे। इस सच्चाई को जानते हुए भी वे अपने हठ पर अड़े हुए थे।

माँ को समझाने को तो समझा दिया और वह कुछ सामान्य भी हुई, पर उस प्रसंग से मैं स्वयं असहज हो उठी। रह-रह कर मुझे यह आशंका सताने लगी कि कहीं सच में न दोनों उलझ जायँ।

चार

कपिलवस्तु से आने के बाद पिताजी सहज नहीं लग रहे थे। उनकी विवशता उनके आक्रोश को दबोचे हुए थी। पराजित योद्धा की तरह वे अन्दर ही अन्दर अपनी पीड़ा को पी रहे थे।

"क्या हुआ, जो इतने आक्रोश में दिखाई दे रहे हैं?" माँ ने पूछा।

"क्या नहीं हुआ? महाराज शुद्धोदन अपने पुत्र के लिए यशोधरा का हाथ प्रेम से नहीं, दबाव बनाकर माँग रहे हैं। तुम्हीं बताओ, उनके पुत्र की ही पसन्द, पसन्द है? कोई आवश्यक है कि उनका पुत्र जिस लड़की को पसन्द कर ले, उसके साथ उसका विवाह हो ही जाय? लड़की के माता-पिता की भी तो अपनी पसन्द हो सकती है।"

"आपने क्या उत्तर दिया?"

"सीधे शब्दों में तो मना नहीं किया, पर अप्रत्यक्ष रूप से मेरे उत्तर का आशय नकारात्मक ही था। मैंने उनसे स्पष्ट कह दिया कि मैं अपनी बेटी का विवाह किसी शिल्पज्ञ से करूँगा। शिल्प-प्रतियोगिता आयोजित होगी, उसमें यदि सिद्धार्थ सफल हो जाते हैं, तो मैं गोपा का हाथ सहर्ष उनके हाथ में दे दूँगा।"

"इस उत्तर से तो वे आक्रोश में आ गये होंगे?"

"आक्रोश नहीं, उनके मुखमंडल पर विवशता झलक रही थी। फिर विवश क्यों न होते, वे भी तो इस सच्चाई को जानते हैं कि उनका सुकुमार पुत्र प्रतियोगिता में सफल नहीं होगा।"

"मान लीजिए, राजकुमार असफल हो गये और उनके स्थान पर कोई और सफल हो गया तो? हम उसके हाथ में अपनी पुत्री का हाथ दे देंगे?

आप तो जानते ही हैं कि प्रतियोगिता में भाग लेने वालों में देवदत्त जैसे लोग भी हो सकते हैं। इस तरह के व्यक्ति के हाथ में गोपा का हाथ देना कहाँ तक समीचीन होगा?''

माँ के इस प्रश्न ने पिताजी को विचलित कर दिया। उनका आक्रोश चिन्ता में परिणत हो गया। अस्तु, सारे गतिरोधों के बाद किसी तरह प्रतियोगिता की तिथि सुनिश्चित हुई और उसमें भाग लेने हेतु शिल्प-विद्या में निष्णात युवकों को सादर आमंत्रित किया गया।

प्रतियोगिता में भाग लेने के लिए सिद्धार्थ के अतिरिक्त अर्जुन, अग्निदत्त, नन्द, देवदत्त, आदि शिल्प-विद्या में निष्णात महारथी बड़े उत्साह के साथ पधारे। अधिकांश लोगों के मन में यह धारणा घर कर गयी थी कि प्रतियोगिता में चाहे जो सफल हो, पर राजकुमार तो नहीं ही सफल होंगे, क्योंकि शिल्प-विद्या को जान लेना और उसका निरन्तर अभ्यास करना, दोनों में धरती-आकाश का अन्तर है। फिर, सिद्धार्थ तो करुणा की प्रतिमूर्ति हैं। अस्त्र-शस्त्र के संचालन एवं अन्य शिल्प-विद्याओं से उन्हें क्या लेना-देना? सम्प्रति उनका ध्यान भी उधर नहीं जाता होगा।

महाराज शुद्धोदन का मुँह उतरा हुआ था। उनकी धड़कन बढ़ गयी थी। उन्हें इस बात की चिन्ता थी कि यदि उनका पुत्र सफल नहीं हुआ, तो उसे पुनः विवाह के बन्धन में बाँधने का अवसर नहीं मिलेगा। किसी तरह तो वह इस प्रतियोगिता में भाग लेने के लिए सहमत हुआ है। लेकिन न जाने क्यों मैं पूर्णरूप से आश्वस्त थी। मुझे पूरा विश्वास था कि सिद्धार्थ के अतिरिक्त और कोई नहीं विजयी होगा।

शिल्प-प्रतियोगिता कठिन नहीं, बहुत कठिन थी। एक-एक करके सभी महारथियों ने अपने कौशल दिखाये, पर विजयश्री राजकुमार सिद्धार्थ को ही मिली। अभी तक जो लोग उनके पुरुषार्थ की आलोचना-प्रत्यालोचना कर रहे थे और दबे स्वर में निराशा व्यक्त कर रहे थे, वे राजकुमार को सफल देखकर स्तब्ध रह गये। विजय की घोषणा होते ही जहाँ दर्शकों का मुखमंडल खिल उठा, वहीं अन्य प्रतियोगियों की वीरता मुँह छिपाने का आश्रय खोजने लगी।

राजकुमार की अप्रत्याशित सफलता को देखकर महाराज को स्वयं अपने नेत्रों पर विश्वास नहीं हो रहा था। उनकी आश्चर्य मिश्रित प्रसन्नता का पारावार नहीं था। अब उन्हें पूर्ण विश्वास हो गया कि सिद्धार्थ का मन विरक्ति से अनुरक्ति की ओर उन्मुख होकर ही रहेगा। विवाह के बन्धन में

बँध जाने के बाद धीरे-धीरे भोग-विलास के प्रति उसकी आसक्ति बढ़ती जायेगी।

और मैं, मेरी प्रसन्नता का तो पारावार ही न था। अभी तक अन्य महारथियों के कौशल को देखकर मेरी जो आशा दुबकी पड़ी थी, वह उसी तरह सामने आ गयी जैसे मेघों के आवरण को चीरकर सूरज प्रकट हो जाता है। जैसे ही मैंने आर्यपुत्र के गले में वरमाला डाली, लोगों के जय-जयकार की ध्वनि से प्रतियोगिता-स्थल गूँज उठा। राजकुमार को वर के रूप में पाकर मैं कृतकृत्य हो गयी।

पिताजी के विषय में कुछ कहना ही व्यर्थ है। उस घड़ी उनके मुखमंडल पर प्रसन्नता के स्थान पर उदासी छायी हुई थी। लगता था, वे रो देंगे या अगले क्षण अपने को ही कुछ कर बैठेंगे।

पाँच

मेरे जीवन का वह दिन कितना गौरवशाली था, जब मैं वधू के रूप में राजप्रासाद में आयी थी। स्वागत में पूरी कपिलवस्तु दुलहन की तरह सजाई गयी थी। हर व्यक्ति के मुख पर प्रसन्नता झलक रही थी। महाराज की प्रसन्नता तो अवर्णनीय थी। ऐसा प्रतीत होता था कि वधू नहीं, राजप्रासाद में पुनर्जीवन ने प्रवेश किया हो। दीन-हीनों की झोलियाँ बिना माँगे भर दी जा रही थीं। मुझे देखकर महाराज का यह विश्वास पुष्ट हो गया कि अब विरक्त होने को कौन कहे, राजकुमार उस विषय में सोचेंगे भी नहीं। उन्होंने अम्ब प्रजापति गौतमी से अपना विश्वास व्यक्त भी किया–"आर्ये, यशोधरा जैसी सुन्दर और सुशील बहू को पाकर मैं पूर्णरूप से आश्वस्त हो गया हूँ। वह बहू नहीं, देवी है, देवी। देख नहीं रही हो, उसके पग रखते ही राजप्रासाद किस तरह खिल उठा है। सिद्धार्थ अब उसके सौन्दर्य में ऐसा डूब जायेगा कि वैराग्य और गृह-त्याग जैसे शब्द भूलकर भी उसके मस्तिष्क में नहीं आयेंगे। आज बहुत दिनों के बाद उसके मुखमंडल पर प्रसन्नता दिखी है। अब देखता हूँ कि ज्योतिषियों एवं असित मुनि की भविष्यवाणी कैसे फलीभूत होती है। स्मरण है न, मेरा उस दिन का यह संकल्प–'मैं भवितव्यता को मिटा दूँगा, होनी को अस्तित्व में आने ही नहीं दूँगा।'' इतना कहकर वे ठठाकर हँसे थे। उनकी उस हँसी से गर्व की गन्ध आ रही थी।

मनुष्य अपनी विवशताओं को छिपाने का चाहे जितना प्रयास करे, पर अवसर पाते ही वे प्रकट हो जाती हैं। अभी थोड़ी देर पहले जो महाराज अम्ब प्रजापति गौतमी से गर्वयुक्त बातें कर रहे थे, मेरे सामने उनका अहं

किस तरह निरीह हो उठा, देखें–"बेटी, बड़े विश्वास के साथ मैं तुम्हें अपनी बहू बनाकर ले आया हूँ। जब से सिद्धार्थ इस धरती पर आया है, तब से लेकर आज तक उसके सम्बन्ध में की गयी भविष्यवाणियों को लेकर मैं एक भी रात सुख की नींद नहीं सो पाया हूँ। उसके गृह-त्याग की सम्भावना की नंगी तलवार निरन्तर मेरी ग्रीवा पर लटकती रही। ऊपर से मैं जितना सशक्त दिखाई देता हूँ, अन्दर से उतना ही टूटा हुआ हूँ।" इतना कहते-कहते उनकी आँखें भर आयीं। आँसू पोछते हुए वे पुनः बोले–"लेकिन बेटी, अब मेरी चिन्ता दूर हो गयी है। मुझे पूर्ण विश्वास है कि तुम राजकुमार को इधर-उधर सोचने का अवसर ही न दोगी, उसे सदैव अपने प्रेम-पाश में बाँधे रहोगी।"

इतना कहकर वे जब जाने को हुए, तब मैंने उनके विश्वास को संबलित करते हुए कहा–"तात, आपकी चिन्ता मेरी चिन्ता है। वे आपके पुत्र हैं, तो मेरे पति भी हैं। उनके विषय में मुझे सारी बातें ज्ञात हैं। यद्यपि यहाँ आने के पूर्व मुझे इस चिन्ता ने भयभीत कर रखा था कि राजकुमार को विरक्ति से अनुरक्ति की ओर न मोड़ पायी तो? पर इसके बाद भी मैंने इस संकल्प के साथ राजप्रासाद में प्रवेश किया कि कपिलवस्तु की आशंका और भय को मैं निर्मूल कर दूँगी। आगे क्या होगा, यह तो समय बतायेगा, पर प्रयास करने में मुझसे कोई प्रमाद नहीं होगा।"

कुछ देर तक हम दोनों के बीच एक गहरा सन्नाटा छाया रहा। तदनन्तर मैंने बड़े अनुरोधात्मक स्वर में उन्हें सुझाव दिया–"आप भी इस दिशा में प्रयास करें, क्योंकि किंकर्त्तव्यविमूढ़ होकर इस विषम परिस्थिति का सामना नहीं किया जा सकता।"

"ठीक है बेटी, तुमने मेरे मनोबल को बढ़ाया है, अब मैं भी रोना-धोना छोड़कर धैर्य के साथ परिस्थितियों का सामना करूँगा। तुम्हारी इन बातों से मुझे बड़ा बल मिला है। क्या करूँ बेटी, पुत्र-मोह बड़ा प्रबल होता है। इसके चलते मनुष्य अपनी भी जिन्दगी नहीं जी पाता। राजकुमार के जन्म से लेकर आज तक रो ही तो रहा हूँ।" इतना कहते-कहते उनकी आँखें भर आयीं।

उनके जाने के उपरान्त मैं बहुत देर तक 'पुत्र-मोह' के विषय में सोचती रही–'सन्तान के लिए माँ-बाप क्या नहीं करते? अपना सर्वस्व लुटा देते हैं, पर उससे उन्हें जो सुख मिलता है, वह किसी से नहीं छिपा है।'

छः

बड़ी मोहक थी मिलन की वह पहली रात। लगता था, कोई ऐसी वस्तु मिल गयी हो, जो नारी-जीवन को सार्थकता प्रदान करती है, उसे पूर्ण बनाती है। बात सच भी है। पुरुष के बिना न नारी पूर्ण है और न ही नारी के बिना पुरुष। दोनों की पूर्णता एक-दूसरे के सापेक्ष है। हाँ, तो अभी तक जिस राजकुमार को मैं निर्निमेष निहारा करती थी, फिर भी नेत्र प्यासे के प्यासे रह जाते थे, सौभाग्य से आज वे मेरे सौन्दर्य की प्रशंसा करते नहीं अघा रहे हैं।

कुछ देर तक हम दोनों इधर-उधर की बातें करते रहे, फिर उन्होंने मेरे बालों को छेड़ते हुए कहा–"यश! विधाता ने तुम्हें बनाने में बड़ा समय लगाया होगा। एक बात पूछूँ, झूठ तो नहीं बोलोगी? तुमने कभी ध्यान से अपने को दर्पण में देखा है? नहीं न, एक बार जब देख लोगी, तो तुम स्वयं अपनी सुन्दरता पर रीझ जाओगी। सच में यश, तुम्हारे जैसा सौन्दर्य तो आज तक मैंने देखा ही नहीं। पद्म-खण्ड में एक-सी एक युवतियाँ हैं, जो अपने सौन्दर्य को निखारने और उसे प्रदर्शित करने में अपनी सारी ऊर्जा लगा देती हैं, पर तुम्हारे पदार्पण से उनके पैर धरती पर आ गये हैं। उन्हें अब आभास हो गया है कि यशोधरा के सामने वे कुछ नहीं हैं।"

"आर्यपुत्र! आप प्रशंसा करने की कला में निष्णात हैं। सच में मैं बहुत सुन्दर लगती हूँ?"

"झूठ बोल रहा हूँ क्या? यश, तुम इस सृष्टि की एक अनमोल रत्न हो। तभी तो शिल्पविद्या की प्रतियोगिता में तुम्हें पाने के लिए नन्द, अर्जुन और देवदत्त जैसे वीरों ने अपने प्राण दाँव पर लगा दिये थे।"

"आना तो था आपके सुखद आलिंगन में, वे कैसे मुझे पाते?"

"अच्छा यश, यदि मैं प्रतियोगिता में पराजित हो गया होता तो? तब तो तुम्हें पाने से वंचित रह जाता न?"

"यह सम्भव ही नहीं था, मैं तो आपकी जन्म-जन्मान्तर की जीवनसंगिनी हूँ।" इतना कहते-कहते मैं भावुक हो गयी।

"यश, तुम्हारे काले घुँघराले बालों के सामने काली घटाएँ लजा जाती होंगी। तुम्हारे इन चंचल नेत्रों को देखकर मृग अपने नेत्रों की चंचलता भूल जाते होंगे और इनकी गहराई देखकर झील अपनी गहराई मापने लगती होगी।" इतना कहते-कहते उनके अधर मेरे नेत्रों तक पहुँच गये। सच कहती हूँ, उस समय उनके अधरों के स्पर्श से मुझे जिस आनन्द की अनुभूति हुई, उसे शब्दों में नहीं व्यक्त किया जा सकता।

"यश, एक बात और पूछूँ, बुरा तो नहीं मानोगी? इसके पहले तुम्हारे इन चंचल नेत्रों को किसी ने जूठे तो नहीं किये हैं?" उन्होंने परिहास किया।

"एक बार नहीं, अनेक बार। इतना ही नहीं, मेरे कपोल भी अछूते नहीं हैं।" उन्हें चिढ़ाने के ध्येय से मैंने कहा।

"यह क्या कह रही हो?" उनकी मुद्रा कुछ शंकालु हो उठी।

"आप तो असहज हो गये, अरे भाई, जब मैं शैशवास्था में थी, तो मेरे माता-पिता ने न जाने कितनी बार मुझे अपनी गोद में लेकर अपने स्नेहिल चुम्बनों से दुलारा है।"

इस स्पष्टीकरण के बाद वे सहज हुए। नहीं तो कुछ देर के लिए उनके मुखमंडल पर पुरुष-सुलभ शंका घिर ही आयी थी। उस समय मेरी भी इच्छा हुई कि इसी तरह का प्रश्न मैं भी कर लूँ, देखें क्या उत्तर देते हैं, पर नहीं किया। वैसे भी नारी को इस तरह का प्रश्न करने का कहाँ अधिकार है? हर तरह से पवित्र होने पर भी उसे अग्नि परीक्षा देनी पड़ती है। इसके अतिरिक्त उनसे इस तरह का प्रश्न करना उचित भी तो नहीं था, क्योंकि उनके मन को मोह-माया में प्रवृत्त करने के लिए महाराज ने एक-सी एक सुन्दर-सलोनी नर्तकियों की व्यवस्था कर रखी थी।

"आर्यपुत्र, यदि आप मेरे अन्य अंगों की प्रशंसा नहीं करेंगे, तो वे रूठ जायेंगे?" मैंने हँसकर कहा।

"क्यों नहीं, अब तुम अपने अधरों के विषय में सुनो। इतने सुन्दर,

कोमल और अरुण अधरों को देखकर भ्रमरों को भ्रम हो जाता होगा।'' इतना कहकर उन्होंने मुझे आलिंगनबद्ध कर लिया।

''अरे, यह क्या कर रहे हैं, कोई देख लेगा तो?'' मैंने अपने को अलग करते हुए कहा।

''हमारे शयन-कक्ष में कौन देखने-सुनने आ रहा है? कहकर उन्होंने पुनः मुझे अपनी भुजाओं में ले लिया।''

''आर्यपुत्र, पहले मुझे इस राजप्रासाद के नियम-परिनियम बताइये और दिशा-निर्देश कीजिए कि मुझे किसके साथ कैसा बर्ताव करना है, क्योंकि मायके और ससुराल में बड़ा अन्तर होता है। कहीं मुझसे किसी के साथ कोई धृष्टता न हो जाय।''

''धृष्टता और वह भी तुमसे? यश, मुझे पूर्ण विश्वास है कि तुम्हारे मृदु व्यवहार से राजप्रासाद के मनुष्य ही नहीं, पशु-पक्षी भी वशीभूत हो जायेंगे।'' इतना कहकर वे सतृष्ण नेत्रों से मुझे देखने लगे।

सात

कपिलवस्तु में जहाँ लोग मेरे रूप-सौन्दर्य की चर्चा करते नहीं अघाते थे, वहीं मुझे लेकर तरह-तरह की टीका-टिप्पणियाँ भी होती थीं। एक दिन परिचारकों के बीच हो रही इस तरह की बातें मैंने सुनी भी–"राजवधू सुन्दर नहीं, बहुत सुन्दर है, उसके सामने देवलोक की अप्सराएँ क्या हैं? उसके अनुपम सौन्दर्य को एक बार जो देख लेता है, तो उसकी इच्छा होती है कि वह उसे बार-बार देखे। हाँ, इसके साथ एक दुर्बल पक्ष भी है।"

"वह क्या?" दूसरे ने जिज्ञासा व्यक्त की।

"लज्जा उसे छू तक नहीं गयी है। उसे कौन समझाये कि लज्जा नारी का आभूषण है।"

"इस बात को लेकर तुम क्यों चिन्तित हो? सौन्दर्य देखने-दिखाने के लिए बना है न कि आवरण में रखने के लिए। अभी तुम्हीं कह रहे थे–'एक बार यशोधरा को जो देख लेता है, तो उन्हें वह भूल नहीं पाता।' बन्धु, सम्भवतः तुम्हें यह नहीं ज्ञात है कि उनकी सुन्दरता और शालीनता के ही तो चलते राजकुमार ने अपनी पत्नी के रूप में उनका वरण किया है। यहाँ तो न जाने कितनी सुन्दर लड़कियाँ हैं, जो आज भी सिद्धार्थ की एक मुस्कान पर अपने प्राण न्यौछावर करने के लिए उत्सुक रहती हैं।"

"वह तो ठीक है, पर मैं जो कहना चाहता हूँ, उसे तो सुनने का कष्ट करो। तुम्हारे इस लम्बे-चौड़े भाषण के प्रवाह में मेरी मूल बात तो बह ही गयी।"

"अच्छा, कहो और शीघ्र कहो। यदि कहीं किसी ने हम लोगों की

बातें सुन ली, तो लेने के देने पड़ जायेंगे। हम लोग परिचारक हैं, तो परिचारक की सीमा में रहें।"

"कोई सुन लेगा, तो कौन-सा अनर्थ हो जायेगा? मैं जिस सच को कहने जा रहा हूँ, उसकी गूँज राजप्रासाद में ही नहीं, पूरी कपिलवस्तु में है। हाँ, तो मैं यह कह रहा था कि यशोधरा को अपने सौन्दर्य पर गर्व है, इसीलिए वे घूँघट में नहीं रहतीं। वे जिस तरह रहती हैं, उस तरह तो महारानी प्रजापति गौतमी भी नहीं रहतीं। इस वय में भी उनके सिर पर आँचल रहता है, जबकि वे उनकी सास हैं।"

"तुम ठीक कहते हो। इस तरह की बात मैंने भी सुनी है, पर हम लोगों को इससे क्या लेना-देना?"

दोनों परिचारकों के वार्तालाप को सुनकर मुझे तनिक भी क्रोध नहीं आया। सच में मैं राजकुल की परम्परा के विपरीत रह रही थी। शुरू-शुरू में मेरे सास-ससुर ने भी आपत्ति की थी। महाराज ने तो स्पष्ट शब्दों में अपना विरोध प्रकट किया था–"बेटी, इस राजप्रासाद की वधुएँ सदैव घूँघट में रही हैं। अतः इस कुल की परम्परा का निर्वहन करते हुए अपने मुखमण्डल को आवरण में रखो।"

उनकी इस आदेशात्मक सीख से मैं रंचमात्र विचलित नहीं हुई। मैंने बड़े विनम्र शब्दों में अपना पक्ष रखा–"तात! मेरा जीवन खुली पुस्तक की तरह है। जैसे मैं मायके में रहती थी, वैसे यहाँ रह रही हूँ। फिर, आप मुझे बेटी भी तो कहकर पुकारते हैं, ऐसी दशा में मुझे बेटी की ही तरह रहना चाहिए। वैसे भी जिस वस्तु को जितना ही छिपाया जाता है, उसे देखने के लिए लोग उतने ही व्यग्र रहते हैं।"

अभी मेरी बात पूरी भी नहीं हुई थी कि अम्ब प्रजापति गौतमी मेरे समर्थन में बोल पड़ीं–'आर्यपुत्र! बहू ठीक कह रही है। जिसका मन निर्मल हो, भावनाएँ पवित्र हों और जीवन संयमित हो, मेरी दृष्टि में उसे संसार की कोई भी विकृति दूषित नहीं कर सकती।"

इसके बाद तो मुझे और बल मिल गया न–"तात! मनुष्य के लिए कृत्रिम आवरण की नहीं, शील और शुचिता की आवश्यकता है। मैं घूँघट में नहीं रहती, अनावश्यक वर्जनाओं का पालन नहीं करती, तो क्या हुआ? मेरे व्यवहार में अविनय, अशिष्टता एवं रूक्षता भी तो नहीं है।"

"ठीक है, तुम जैसे रह रही हो, रहो। वैसे भी तुम इस घर की बहू ही नहीं, बेटी भी हो।" उनके इस आश्वासन में खीझ नहीं, स्नेह था।

यह तो सच है कि मैं राजप्रासाद में जिस स्वतन्त्रता से रह रही थी, उस तरह मुझे नहीं रहना चाहिए था। आखिर सब कुछ के बाद भी मैं राजकुमारी नहीं, राजवधू थी। और जिस तरह मैंने महाराज के सामने अपनी स्वतन्त्रता को लेकर स्पष्टीकरण दिया, वह भी बहुत उचित नहीं था। वस्तुतः राजप्रासाद में मुझे अपेक्षा से अधिक महत्त्व मिल रहा था, क्योंकि सभी की आशा इस डोर से बँधी हुई थी कि मैं राजकुमार के मन को सांसारिक बना दूँगी। वैसे भी आदमी को जब अपेक्षा से अधिक महत्व मिलने लगता है, तो उसके हर कार्य में गर्व की गन्ध आने लगती है। उसकी बोल-भाषा में भी परिवर्तन आ जाता है।

आठ

सुख-सुविधाओं की अतिशयता में डूबे रहने के बाद भी रह-रहकर मेरा मन भविष्य को लेकर भयभीत हो उठता था। सच कहूँ तो उन दिनों अपने भविष्य को लेकर मेरी सोच नकारात्मक हो गयी थी, जिससे वर्तमान भी नीरस हो गया था। भला बताइये, यह भी कोई सोचने की बात थी कि आर्यपुत्र के गृह-त्याग के बाद मेरा क्या होगा? पता नहीं भविष्य किस रूप में सामने आये, उसके लिए मेरा चित्त क्यों अस्थिर हो जाता था? वस्तुतः हम जैसी सम्भ्रान्त महिलाओं के पास कोई समस्या तो होती नहीं, हम सारी सुख-सुविधाओं से सम्पन्न जो हैं। यदि सामान्य महिलाओं की तरह हमारे सामने भी जीवन की मूलभूत समस्याएँ होतीं, तो सम्भवतः हमारा मन अतीत और भविष्य में इस तरह न विचरता।

हाँ, तो देखिये, एक दिन बैठे-बैठे मेरे मस्तिष्क में कौन-कौन-सी ऊट-पटाँग बातें घुमड़ रही थीं–'आज जो मैं रानी बनी राजप्रासाद में सुख भोग रही हूँ, परिचारक-परिचारिकाएँ रात-दिन सेवा में लगे हैं, उस दिन क्या होगा, जब आर्यपुत्र गृह-त्याग करके मुझे अनाथ कर जायेंगे। तब यही नौकर-चाकर बुलाने पर भी नहीं सुनेंगे। आज जो महाराज शुद्धोदन और अम्ब प्रजापति गौतमी मेरी प्रशंसा करते नहीं थकते, उस समय ये लोग मुझे न जाने किस दृष्टि से देखेंगे?, मुझे अच्छी तरह स्मरण है, जब अम्ब प्रजापति गौतमी ने गदगद होकर मेरे प्रति अपना यह विश्वास व्यक्त किया था–"बेटी, जब से तुम्हारे पाँव इस राज-प्रासाद के प्रांगण में पड़े हैं, तब से यहाँ की उदासी प्रसन्नता में परिणत हो गयी है। तनाव और चिन्ता को तो मुँह छिपाने का भी स्थान नहीं मिल रहा है। सबसे बड़ी बात तो यह

है कि तुम्हारे संसर्ग में आने से राजकुमार के मुखमण्डल पर खिन्नता के स्थान पर खिली-खिली प्रसन्नता दिखाई देने लगी है। मुझे पूरा विश्वास है कि तुम्हारा प्रेम उसे किसी अन्य दिशा में सोचने का अवसर ही नहीं देगा। क्योंकि संसार के प्रति उसकी विरक्ति शनैः-शनैः क्षीण होती जा रही है। आने वाले दिनों में मेरा पुत्र अवश्य चक्रवर्ती राजा होगा।''

उनके इन शब्दों में मेरे प्रति उनका कितना बड़ा विश्वास छिपा हुआ था। उस समय मैं उन्हें कैसे समझाती कि आपके पुत्र को समझ पाना बड़ा कठिन है।

सच तो यह है कि आर्यपुत्र के मुख पर कभी प्रसन्नता दिखी ही नहीं? जब कभी वे मुस्कराते भी थे, तो लगता था, मुस्करा नहीं, मनुष्यों की निश्चिन्तता पर व्यंग्य कर रहे हैं। कभी-कभी संसार के दुःख को लेकर वे इतने उद्विग्न हो जाते थे कि पूछिये मत। उस समय मैं इस बात को लेकर भयभीत हो जाती थी कि कहीं यह व्यक्ति किसी व्याधि का न शिकार हो जाय।

वस्तुतः उनकी विरक्ति को अनुरक्ति की ओर उन्मुख करना दुस्साध्य था। फिर, मेरा भी तो दोष नहीं था। जिस संकल्प के साथ मैंने राजप्रासाद में प्रवेश किया था, उसे पूरा करने के लिए मैंने किसी भी तरह का प्रमाद नहीं किया, पर उनकी विरागोन्मुखता के सामने मेरे सारे प्रयास धराशायी हो गये। एक दिन तो उनकी बातें सुनकर मैं बुरी तरह से विचलित भी हो गयी। उन्होंने बड़े बुझे स्वर में कहा–''यश, राजप्रासाद के इस कृत्रिम जीवन से अब ऊब-सी होने लगी है। मेरे लिए चारों ओर वर्जनाओं की ही तो प्राचीर खड़ी की गयी है। ये जो नौकर-चाकर हाथ जोड़े खड़े हैं, यमराज के दूत जैसे लगते हैं। महाराज मेरी प्रसन्नता के लिए जो भी आमोद-प्रमोद का आयोजन करते हैं, सब के सब मुझे काटने दौड़ते हैं। नर्तकियाँ जब अपने हाव-भाव से मुझे रिझाने का प्रयास करती हैं, तो मेरा मन वितृष्णा से भर जाता है। तुम्हीं बताओ, महाराज को यह सब करने की क्या आवश्यकता है? वे इस राज्य के राजा हैं, प्रजा का सुख-दुःख उनका सुख-दुःख होना चाहिए, पर कौन कहे प्रजा की चिन्ता करने को, उनकी सारी ऊर्जा मात्र मुझे प्रसन्न करने में लगी हुई है। मेरे चक्कर में वे अपने दायित्व का भी निर्वहन नहीं कर पा रहे हैं।''

मैंने मन ही मन कहा–'आप उन्हें सुख से जीने दें तब तो वे अपने दायित्व का निर्वहन करें। आपकी विरक्ति-उन्मुखता को देखकर वे नहीं, उनकी आत्मा रोती है।'

मुझे चुप देखकर वे पुनः बोले–"अभी तक तो तुम मुझे विचारों में खोने वाला कहती थी, सम्प्रति तुम कहाँ और किन विचारों में डूब गयी?"

"आपके सान्निध्य में रहने से विचारों में खो जाने की बीमारी मुझे भी लग गयी है। मेरे साथ तो यह पहली बार हुआ है, आप तो प्रायः विचारों में खोये रहते हैं। शरीर से सामने रहते हैं, मन से कहीं और।"

मेरे कहने का आशय वे समझ गये, तभी तो निराश होकर बोले–"इससे अच्छा तो यह है कि मैं ही कहीं चला जाऊँ।" इतना कहते-कहते उनका गला भर आया।

मैंने अनुरोधात्मक स्वर में कहा–"आर्यपुत्र, आप जैसे राजकुमार को इस तरह पलायन की बातें करना शोभा नहीं देता। आपके कहीं चले जाने से महाराज की समस्याओं का समाधान थोड़े ही हो जायेगा, वे और बढ़ जायेंगी। फिर, पलायन कब और किसके लिए श्रेयष्कर रहा है? यह तो अपने दायित्व के प्रति उदासीनता का परिचायक है। अतः मैं आपके हाथ जोड़ती हूँ, फिर कभी इस तरह की सोच मस्तिष्क में न आने पाये" उन्होंने बुझे स्वर में अपनी विवशता व्यक्त करते हुए कहा-"यश, शान्ति से कौन नहीं जीना चाहता और उसके लिए आदमी क्या नहीं करता, पर सारे प्रयास के बाद भी वह उसे कहाँ मिल पाती है? लगता है, रोना ही मानव की नियति है। तुम्हीं बताओ, मेरी सुख-शान्ति के लिए महाराज क्या नहीं कर रहें हैं और मैं चाहता भी हूँ कि उनकी इच्छा के अनुसार अपने को बनाऊँ, पर ऐसा कहाँ हो पा रहा है? मुझे तो संसार के दुःख की चिन्ता उद्विग्न किये रहती है, जिससे मैं शान्तिपूर्वक नहीं जी पा रहा हूँ। अस्तु, जो हो रहा है, होने दो। मेरे प्रारब्ध में जो है, उसे कौन टाल सकता है। मेरे चक्कर में तुम अपने को अशान्त न करो।"

आर्यपुत्र, पति, पत्नी का सर्वस्व होता है। पति का सुख-दुःख पत्नी का सुख-दुःख होता है। अतः यह सम्भव ही नहीं है कि आपके सुख-दुःख से निर्लिप्त होकर मैं जीवनयापन करूँ।" इतना कहते-कहते मेरी आँखें भर आयीं।

नौ

महाराज मुझे पुत्र-बधू के रूप में पाकर निश्चिन्त हो गये थे। उनकी निश्चिन्तता का कारण भी तो दिखने लगा था। आर्यपुत्र की उदासी में धीरे-धीरे न्यूनता जो आने लगी थी। अब वे थोड़ा-बहुत हँसने भी लगे थे। इतना ही नहीं, उनका अधिकांश समय अन्तःपुर में ही बीतने लगा था। लगता था कि उनके लिए मैं ही सबकुछ हूँ, तभी तो एक दिन एक परिचारिका ने कहा–"देवि! आपने तो राजकुमार को इस तरह अपने वश में कर लिया है कि वे एक क्षण के लिए भी बाहर नहीं निकलते। उनका मन आपके सौन्दर्य की गहराई की थाह ही नहीं लगा पा रहा है।"

उसके मुँह से इस तरह की बातें सुनकर पहले तो मैं मन ही मन झल्लाई और सोचने लगी–'जब यहाँ के परिचारिकाएँ-परिचारक अपनी सीमा को भूलकर इस तरह की बात कर रहे हैं, तो उच्च पदस्थ कर्मचारियों का मन तो और बढ़ा होगा।' इच्छा तो यही हुई कि इस धृष्टता के लिए उसे डाँट दूँ, पर जब उसके कथन की गम्भीरता पर मैंने विचार किया, तो मेरा क्रोध अपने आप शान्त हो गया।

वस्तुतः जो निष्ठावान कर्मचारी होते हैं, वे राजपरिवार के हित में सच कहने से कभी नहीं हिचकते। रेणुका इसी तरह की परिचारिका थी। तदनन्तर मैं बड़ी उत्सुकता से उसके मन्तव्य की सच्चाई जानने का प्रयास करने लगी–"रेणुका, यह तो अच्छी बात है। वह पत्नी क्या, जो अपने पति के मन को न मोह ले। उसके रहते यदि पति इधर-उधर भटकता है, तो यह उसके प्रेम की असफलता कही जायेगी।"

"सो तो ठीक है, पर यदि राजकुमार जी इसी तरह आपके रूपजाल

में फँसे रहे, तो आगे क्या होगा? भोग-विलास ही तो उनके जीवन का उद्देश्य है नहीं। समाज और राज्य के प्रति भी तो उनका कुछ दायित्व होता है? वैसे भी वे साधारण मनुष्य नहीं हैं, उन्हें तो अपने कर्त्तव्य के प्रति और अधिक जागरूक होना चाहिए।''

''इस बात को तुम स्वयं राजकुमार से क्यों नहीं कहती? उनकी तो तुम मुँहलगी परिचारिका हो, तुम्हें वे मानते भी बहुत हैं। मेरी बात मानो, तो आज ही जाकर उनसे कहो–'देव, यदि यशोधरा देवी के सौन्दर्य-जाल में आप इसी तरह उलझे रहे, तो हो चुके चक्रवर्ती राजा। देख रही हूँ, आप कभी अन्तःपुर से निकलते ही नहीं। कपिलवस्तु के भावी राजा को इस तरह की आसक्ति शोभा नहीं देती'।''

''अपने देव तुल्य राजकुमार को इस तरह की सीख मैं कैसे दे सकती हूँ? उन्हें उनके कर्त्तव्य का बोध केवल आप करा सकती हैं। वैसे भी आपने जब से इस राजप्रासाद में पाँव रखा है, यहाँ के परिवेश में प्रसन्नता की सुगन्ध व्याप्त हो गयी है। कपिलवस्तु को एक नया जीवन मिला है। महाराज के मुखमंडल पर चिन्ता और तनाव के स्थान पर प्रसन्नता दिखाई देने लगी है। आप तो कपिलवस्तु का सौभाग्य बनकर आयी हैं। वस्तुतः आपके आने के पूर्व राजप्रासाद पर निश-दिन चिन्ता और उद्विग्नता के मेघ मडराया करते थे। राजकुमार की चिन्तित मुद्रा को देखकर राजप्रासाद का प्रांगण भयाक्रान्त रहता था, पर आपने अपने मृदु व्यवहार से उनके जीवन को विरक्ति से अनुरक्ति की ओर मोड़ दिया। आपके द्वारा किया गया यह शुभ कार्य न केवल राजप्रासाद के लिए, अपितु पूरी कपिलवस्तु के लिए वरदान है, पर इतने से ही आपके कर्त्तव्य की इतिश्री नहीं हो जाती, राजकुमार को उनके कर्त्तव्य का बोध कराना भी आपके दायित्व-क्षेत्र में आता है।''

''रेणुका, मैं तुम्हें कैसे समझाऊँ कि तुम्हारे राजकुमार को दायित्व का बोध कराना कठिन ही नहीं, असम्भव भी है। कर्त्तव्य की बात तो दूर रही, उन्हें गार्हस्थ्य ज़ीवन से भी अरुचि है। देखने से यह अवश्य लगता है कि वे मेरे रूप-जाल में फँसे हैं, पर यथार्थ कुछ और है। मैंने यही सोचकर इस राजप्रासाद में कदम रखा था कि उन्हें पूर्णरूप से सांसारिक बना लूँगी, पर अपना सोचा कहाँ हो पा रहा है? अब तो मैं भी निराश हो गयी हूँ। सच तो यह है कि मुझे यहाँ आये इतने दिन हो गये, पर उनके मन की थाह आज तक नहीं लगा पायी। उनकी उदास मुद्रा को देखकर मैं क्षुब्ध हो

जाती हूँ। एक दिन उनसे मैंने जब कुछ कहा भी, तो वे बड़े बोझिल स्वर में बोले–'यश, राजप्रासाद की सुख-सुविधाएँ एवं भोग-विलास मुझे रास नहीं आ रहे हैं। इसके बाहर जब मेरी दृष्टि जाती है, तो चारों ओर दुःख ही दुःख दिखाई देता है। सोचता हूँ, कौन ऐसा उपाय करूँ, जिससे संसार से दुःख की छाया सदैव के लिए उठ जाय।' इतना कहकर वे पुनः विचारों में डूब गये। उस घड़ी मेरा भी मन खिन्न हो उठा।''

''क्षमा करें देवि, अनभिज्ञता के चलते धृष्टता हो गई। मैं नहीं जानती थी कि देव की यह प्रसन्नता भी कृत्रिम है। अब तो चिन्ता इस बात की है कि यदि आप हार जायेंगी, तो कपिलवस्तु का क्या होगा? महाराज को आपसे बड़ी अपेक्षाएँ हैं। यदि आपके ये निराश शब्द उनके कान तक पहुँच गये, तो उनकी दशा कल्पना के परे हो जायेगी, इसलिए धैर्य से काम लें। यदि आप किसी तरह राजकुमार को मोह-माया में लिप्त कर ले गयीं, तो समझ लीजिए, कपिलवस्तु पर आपका बहुत बड़ा उपकार होगा।''

''प्रयास तो कर रही हूँ, देखो क्या होता है?'' इतना कहते-कहते मेरा स्वर भीग गया।

उसके जाने के बाद मैं लगी आत्म-विश्लेषण करने–'आर्यपुत्र को मोह-माया में प्रवृत्त करने के प्रयास में मैं स्वयं असहज होती जा रही हूँ। कभी तो उनके सामने सामान्य पत्नी के रूप में आयी होती! फिर, आती भी कैसे? उन्हें सांसारिक बनाने का दायित्व जो मुझे सौंपा गया है। लगता है, मैं उनकी अर्द्धांगिनी नहीं, दिशा-निर्देशिका हूँ। और वे? उनके विषय में कुछ कहना ही व्यर्थ है। जैसे कभी-कभी बच्चे अपने खिलौनों से ऊब जाते हैं, उसी तरह वे मुझसे उदासीन हो जाया करते हैं।'

दस

एक दिन उन्हें चिढ़ाने के लिए मैंने एक अभिनय किया। हम दोनों उद्यान की पुष्करिणी में पक्षियों का जल-विहार देख रहे थे कि अचानक मैंने अपने मुख पर उदासी का आवरण डाल लिया। मैं देखना चाहती थी कि आर्यपुत्र के ऊपर इसकी क्या प्रतिक्रिया होती है। मेरे मन को बहलाने का प्रयास करते हैं कि नहीं।

"अरे, यह क्या हो गया तुम्हें, जो बातचीत करते-करते उदास हो गयी?"

"आज प्रातःकाल से ही न जाने क्यों मन बहुत खिन्न है, कुछ भी अच्छा नहीं लग रहा है।" मैंने अपनी हँसी को दबाते हुए कहा।

"तुम ठीक कहती हो, मन एक जैसा कभी नहीं रहता। देखती नहीं, कभी-कभी मेरा मन किस तरह अस्थिर हो जाता है।"

"आपके सान्निध्य में रहते-रहते मेरी भी प्रसन्नता उदासी में परिणत होती जा रही है। समझ में नहीं आता कि क्या करूँ?"

इसके बाद उन्होंने इधर-उधर देखा, जब किसी व्यक्ति की उपस्थिति नहीं दिखी, तो मुझे आलिंगन में ले लिया। इसके बाद जैसे ही उन्होंने अपने अधर मेरे अधरों की ओर बढ़ाये, मेरे मुँह से अचानक निकल गया–"अरे, यह क्या कर रहे हैं, कोई आ गया तो?" लेकिन वे कहाँ माने–"लो हो गया तुम्हारी उदासी का उपचार।" कहकर उन्होंने ऐसा ठहाका लगाया कि मैं देखती रह गयी। उस दिन की तरह फिर कभी मैंने उन्हें खुलकर हँसते नहीं देखा।

"देखिए, हर समय हास-परिहास अच्छा नहीं लगता।" मैंने कृत्रिम रोष प्रकट किया।

"लगता है, अभी तुम्हारी उदासी का आधा ही उपचार हुआ है।" इतना कहकर वे पुनः उपर्युक्त क्रिया दुहराने का उपक्रम करने लगे। फिर तो मेरी हँसी का बाँध टूट गया न! मुझे हँसती देखकर वे बोले–"मैं अच्छी तरह जानता हूँ कि मेरी यश के जीवन में उदासी के लिए कोई स्थान नहीं है। कमल की तरह खिले रहने वाले तुम्हारे मुखमंडल को मेरी दीठ न लग जाय। मुझे ही न जाने कैसे यह रोग ग्रस लिया है, मन, संसार के दुःखों में ही उलझा रहता है। यश, इसमें मेरा दोष नहीं है। मेरे भाग्य में जब शान्ति नहीं है, तो प्रयास करने से वह थोड़े ही आ जायेगी?"

इतना कहते-कहते उनके मुख पर उदासी के बादल घिर आये और धीरे-धीरे घने होते गये। मैंने मन ही मन अपने को कोसा–'क्या पड़ी थी मुझे, जो इस तरह का अभिनय कर बैठी। कितना सरस वातावरण था हम दोनों के बीच! हँसते हुए हम एक-दूसरे का हाथ पकड़े आ बैठे थे इस पुष्करिणी के तट पर। अन्य दिनों की अपेक्षा आज वे अधिक प्रसन्न थे, पर मैंने अभिनय करके उन्हें खिन्न कर दिया। फिर तो अनेकविध प्रयास करने के बाद भी उनके मुख पर सहजता नहीं आयी।

हम दोनों वहाँ से जब राजप्रासाद में आये, तो उन्होंने खेद भरे स्वर में कहा–"विडम्बना तो इस बात की है कि मेरी उद्विग्नता तुम्हारी प्रसन्नता को निगलती जा रही है।" उस घड़ी उनके ये शब्द मुझे औपचारिकता के पूरक-से लगे। फलतः वहाँ से खिन्न होकर चली आयी। कुछ देर तक मेरी खिन्नता ज्यों की त्यों बनी रही। मैं लगी अपने आप से कहने–'यश, तुम्हारा जीवन इसी तरह नीरस रहेगा। कहने के लिए तो ईश्वर ने सब कुछ दिया है, संसार की सारी सुख-सुविधाएं तुम्हारे आँचल में डाल दी हैं, पर इनके चलते सब व्यर्थ है। यह गाँठ बाँध लो, तुमने इन्हें सांसारिक बनाने का जो संकल्प लिया है, वह कभी नहीं पूरा होगा। हाँ, इनके चक्कर में तुम्हारा अपना जीवन अवश्य नीरस हो जायेगा। इतने पर भी यदि जीना चाहती हो, तो इनकी उदासी पर ध्यान न दो। जहाँ तक सम्भव हो, हाँ में हाँ मिलाकर निर्वाह करो। यह जान लो, एक न एक दिन यह व्यक्ति तुम्हारे आँचल में विछोह डालकर चला जायेगा। इसलिए तुम अभी से अपने आपको मानसिक रूप से तैयार रखो, ताकि सहसा आने वाले उस आघात को सह सको।'

उसी दिन की बात है। वे राजप्रासाद से निकलकर उद्यान में बैठे पक्षियों का कलरव देख रहे थे। उस समय मैं उनके पास नहीं थी। उन्हें

खोजते-खोजते मेरी दृष्टि जब उनके ऊपर पड़ी, तो मैंने देखा कि वे अपने आप से कुछ कह रहे थे। मैं ठिठक कर चुपचाप सुनने लगी–"यशोधरा मेरी पत्नी नहीं, उपदेशिका है उपदेशिका। जब होता है, तब मुझे समझाने लगती है और सांसारिकता की ओर मेरे मन को उन्मुख करने का प्रयास करती है। मैं अबोध बच्चा थोड़े ही हूँ, जो वह मुझे तरह-तरह के दृष्टान्त देकर समझाती है।"

उस समय उनके आक्रोश भरे उद्‌गार को सुनकर मैं उनके सामने नहीं गयी, चुपचाप लौट आयी।

ग्यारह

एक दिन मैं दर्पण के सामने खड़ी शृंगार करने में तल्लीन थी कि इसी बीच आर्यपुत्र ने खिन्न बदन मेरे कक्ष में प्रवेश किया। उनकी खिन्नता ने मेरी प्रसन्नता को ऐसे ढक लिया, जैसे घने बादल चन्द्रमा को आच्छादित कर लेते हैं। विचलित तो मैं अवश्य हुई, पर उसका आभास उन्हें नहीं होने दिया।

"आर्यपुत्र! देखिए आज मैं कितनी सुन्दर लग रही हूँ! इसके पूर्व मैंने कभी अपने को ठीक से दर्पण में देखा ही न था। मुझे भय है कि मेरी सुन्दरता को कहीं मेरी ही न दीठ लग जाय।" इतना कहकर मैंने उन्हें हँसाने का प्रयास किया, पर उस घड़ी मेरा वह प्रयास स्वयं मेरा ही उपहास करता दिखाई दिया।

"यश, सच में तुम बहुत सुन्दर हो। विधाता की इस सृष्टि की तुम एक अनुपम रचना हो। इसीलिए तो मैं तुम्हें एक क्षण के लिए भी अपने से दूर नहीं करता।"

"इसके लिए मैं आभारी ही नहीं, गौरवान्वित भी हूँ, पर आज आप इतने उदास क्यों हैं? आर्यपुत्र, प्रसन्नता एक दुर्लभ वस्तु है, उसे सहेज कर रखें।"

"यश, आज मुझे अच्छी तरह से ज्ञात हो गया कि इस संसार में कुछ भी नित्य नहीं है। प्रत्येक क्षण हम क्षरण की ओर बढ़ रहे हैं। यहाँ तक कि तुम्हारा यह सौन्दर्य भी एक न एक दिन विगलित हो जायेगा। संसार की इस परिवर्तनशीलता के प्रहार से कोई नहीं बच सकता।"

"आप भी कैसी बात करते हैं? सम्प्रति आपके गूढ़ बातें मेरे सौन्दर्य

की उपेक्षा कर रही हैं। अच्छा, अब छोड़िये इन बातों को, चलिए प्रकृति के सौन्दर्य का आनन्द लिया जाय। यह जीवन भरपूर जीने के लिए मिला है, न कि उदास और खिन्न होने के लिए।"

"नहीं यश नहीं, इस समय मुझे कहीं नहीं जाना है। उद्यान-भ्रमण के समय की उस घटना ने मेरी प्रसन्नता को ग्रस लिया है, मैं उद्विग्न हूँ।"

"कौन ऐसी घटना है, जिससे आप इतने आहत लग रहे हैं?"

"सुनना चाहती हो?"

"वैसे तो इस समय मैं प्रकृति के सौन्दर्य का आनन्द लेना चाहती थी, पर जब आप सुनाना ही चाहते हैं, तो सुना दीजिए। मैं भी जान लूँ कि किस घटना ने मेरे स्वामी की प्रसन्नता पर कुदृष्टि डालने की धृष्टता की है।"

'राजपथ पर छन्दक रथ को मन्द गति से ले जा रहा था कि अचानक मेरी दृष्टि एक ऐसे जीव पर पड़ी, जिसे छन्दक के बताने पर मैं जान पाया कि वह मनुष्य है। सच में यश, मैंने तो उस तरह के मनुष्य की कल्पना भी नहीं की थी। कमर कमान की तरह झुकी हुई थी। बाल पूर्णरूप से धवल हो चुके थे। उसके दन्तविहीन मुँह से लार टपक रही थी। शरीर इतना जर्जर था कि चलते समय वह लड़खड़ा जा रहा था।"

"आप भी न जाने कहाँ-कहाँ की सोचने लगते हैं। अरे, यह कौन नहीं जानता कि एक न एक दिन जरा सबको ग्रसेगी, उसके लिए हम अभी से क्यों अधीर हों? वह जब आयेगी तो आयेगी, उसकी चिन्ता में हम अपने वर्तमान को क्यों नीरस करें। आर्यपुत्र! मानव-जीवन बड़े भाग्य से मिलता है। न जाने कितने जन्मों के पुण्य का फल है मनुष्य-योनि में जन्म पाना। अतः इसे निरर्थक चिन्ताओं की आँच से दूर रखें।"

"यश, मेरी इस चिन्ता को हल्के में न लो। तुम्हीं बताओ, जब मनुष्य यह जानता है कि एक न एक दिन जरा उसे ग्रस लेगी और उस समय वह हर तरह से अशक्त हो जायेगा, तब भी वह इतना निश्चिन्त क्यों है?"

"तो क्या करे, सिर पीट-पीटकर प्राण दे दे? भविष्य की चिन्ता में वर्तमान सुख-शान्ति को भस्म कर दे? मैं आपके हाथ जोड़ती हूँ, अनावश्यक चिन्ताओं में अपने मन को न उलझायें।"

"मुझे समझने का प्रयास करो। यह मेरी ही नहीं, पूरे संसार की चिन्ता है। मेरे मस्तिष्क में रह-रहकर यह प्रश्न कौंध जाता है कि जरा से प्राणियों

को कैसे मुक्ति मिले। कौन-सा उपाय किया जाय, जिससे वार्धक्य हमारे यौवन एवं सौन्दर्य के रस को न पी सके। सच कहता हूँ यश, जब से मैंने उस वृद्ध को देखा है, तब से मुझे कुछ नहीं अच्छा लग रहा है।''

''आर्यपुत्र, आपके उद्विग्न होने से प्रकृति अपना धर्म नहीं छोड़ देगी। देख नहीं रहे हैं, संसार की प्रत्येक वस्तु किस तरह शनैः-शनैः परिवर्तित हो रही है? कभी मैं और आप भी बच्चे थे, पर आज हम युवावस्था को प्राप्त हैं। अम्ब प्रजापति गौतमी एवं महाराज शुद्धोदन भी कभी सुन्दर एवं युवा रहे होंगे, पर आज उन दोनों को देखिये, जरा ने किस तरह उन्हें अपनी चपेट में ले लिया है? इसलिए भविष्य की चिन्ता न करके वर्तमान को जीने का प्रयास करें। वैसे भी जो अपरिहार्य है, उसके लिए हम कुछ कर भी तो नहीं सकते। आइये, उद्यान में चलें, आज प्रकृति का सौन्दर्य कुछ विशेष निखरा हुआ दिखाई दे रहा है।''

''नहीं यश, सम्प्रति मैं एकान्त चाहता हूँ। कहीं आने-जाने से मेरी उद्विग्नता नहीं शान्त होगी। तुम जाओ और प्रकृति के सौन्दर्य का आनन्द लो।''

उस समय मैंने उनके मन को बहलाने का जितना प्रयास किया, वे उतने ही अस्थिर होते गये। लग रहा था कि वे आज ही वृद्ध हो गये हैं। भला बताइए, यह भी कोई चिन्ता करने का विषय है कि भविष्य में हम वार्द्धक्य को प्राप्त होंगे। होंगे तो होंगे, अभी से क्यों हम अपनी सुख-शान्ति को तिलांजलि दे दें। इतना ही नहीं, वे जब भी एकान्त में होते थे, उस समय उनकी चिन्तन मुद्रा देखकर मैं भी असहज हो जाती थी।

उन दिनों उन्हें लेकर महाराज की चिन्ता इतनी बढ़ गयी थी कि पूछिये मत। जरा-दर्शन के दिन तो वे स्वयं अपने को कोस रहे थे–'मैंने राजकुमार को उद्यान-भ्रमण की अनुमति ही क्यों दी? फिर, न दी होती, तो उसका मन और खिन्न हो जाता'। उसके दूसरे दिन महाराज ने मुझसे बड़े निरीह स्वर में कहा–''बेटी, समझ में नहीं आता कि क्या करूँ? सम्प्रति मुझे तुम्हारी सहायता की आवश्यकता है। राजकुमार के मन को बहलाने का प्रयास करो। अभी कुछ नहीं बिगड़ा है, प्रयास करने पर स्थिति सँभल सकती है।''

उस समय कपिलवस्तु नरेश की विवशता देखते नहीं बन रही थी। उन्हें देखकर मुझे रोना आ गया। पुत्र-मोह आदमी को कितना निरीह कर देता है, इसे मैंने पहली बार देखा। धरती पर आने से लेकर आज तक

राजकुमार ने उन्हें दुःख के अतिरिक्त और दिया ही क्या? यदि कभी उनके मुखमण्डल पर प्रसन्नता की एकाध क्षीण रेखा दिखाई भी दी होगी, तो पुत्र के विछोह की आशंका उसे तुरन्त निगल गयी होगी।

मुझे महाराज के जीवन से यह प्रतीत हुआ हुई कि जो मनुष्य बाहर से जितना सशक्त दिखायी देता है, भीतर से वह उतना ही अशक्त होता है। वस्तुतः बाहरी दौर्बल्य से आन्तरिक दुर्बलता अधिक भयानक होती है। उसके चलते व्यक्ति अन्दर ही अन्दर टूटता रहता है और तब शनैः-शनैः उसकी जिजीविषा भी क्षीण होने लगती है।

बारह

उन दिनों मेरे मन में बार-बार यह प्रश्न उठता था कि आर्यपुत्र इस संसार में महाराज को सुख देने के लिए आये हैं या उनके जीवन को तिल-तिलकर जलाने के लिए? जो भी हो, कुल मिलाकर कहा जा सकता है कि राजकुमार को लेकर कपिलवस्तु का राजप्रासाद सदैव भयाक्रान्त रहा। उनके गृह-त्याग की सम्भावना राज-परिवार को निरन्तर डसती रही। महाराज शुद्धोदन के जीवन से शान्ति सदैव के लिए विदा हो गयी थी।

इसी तरह एक दिन बैठे-बैठे वे ध्यानमग्न हो गये और घण्टों उसी मुद्रा में बने रहे। मैं बड़े धर्मसंकट में पड़ी। समस्या यह थी कि उन्हें वर्तमान में लाऊँ कैसे? बोलने पर कहीं वे चौंक या उद्विग्न न हो जायँ। प्रतीक्षा करते-करते जब ऊब गयी, तो मैंने बड़े सधे स्वर में उन्हें ध्यानावस्था से विरत करने का प्रयास किया–"आर्यपुत्र, किस लोक में विचरण कर रहे हैं? देखिये, मैं कब से आपके सामने बैठी हूँ।"

"क्या करूँ यश, मैं अपनी प्रकृति से विवश हूँ। वर्तमान में रहकर भविष्य में खोया रहता हूँ। वैसे यह प्रवृत्ति अच्छी नहीं है। मनुष्य को वर्तमान में ही जीना चाहिए, वर्तमान से कटकर वह कहीं का नहीं होता। जिस भविष्य की चिन्ता में हम डूबे रहते हैं, वह जब भी आयेगा, वर्तमान के रूप में ही आयेगा, फिर उसके चक्कर में अपने को क्यों अशान्त किया जाय?"

"फिर भी तो आप भविष्य को लेकर उद्विग्न रहते हैं।"

"समझता तो मैं भी हूँ, पर मन कहाँ मानता है? यदि मनुष्य का

मन उसके वश में होता, तो वह इतना दुःखी क्यों होता? मन की चंचलता को देखकर ही तो हमारे मनीषियों ने उसकी एंकाग्रता पर इतना बल दिया।''

"आर्यपुत्र, मैंने आपके चिन्तन में इसलिए व्यवधान उत्पन्न किया कि आप मेरे साथ राजउद्यान-दर्शन के लिए चलें, पर आप तो मुझे दर्शन की घुट्टी पिलाने लगे।''

"इसके लिए मैं क्षमाप्रार्थी हूँ। मेरे मन में बराबर यह कचोट बनी रहती है कि मैं तुम्हारे साथ पति-धर्म का निर्वाह नहीं कर पा रहा हूँ। युवावस्था में जो बातें नहीं सोचनी चाहिए, मन उन्हीं में उलझा रहता है।''

"आप जैसे महामानव को पति के रूप में पाकर मैं अपने को धन्य मानती हूँ। इस समय मात्र इतना अनुरोध है कि कभी-कभी मेरी भावनाओं को भी महत्त्व दे दिया करें।''

"प्रयास तो करता हूँ, पर...। अच्छा अब विलम्ब न करो, चलो, पुष्करिणी के किनारे बैठकर पक्षियों का जल-विहार देखा जाय।'' उन्होंने झेंपते हुए कहा।

हम दोनों बड़े उत्साह के साथ उधर बढ़े और घूम-घूमकर प्रकृति का आनन्द लेने लगे। उस समय वे प्रकृति के सौन्दर्य में ऐसे रम गये कि लगता ही न था कि विचारों में डूबे रहने वाले वही राजकुमार हैं। लेकिन उनकी वह प्रसन्नता बहुत देर तक उनका साथ नहीं दे सकी। वे दार्शनिक मुद्रा में बोले–"यश, इन पक्षियों को देखो, ये कितने प्रसन्न हैं! लगता ही नहीं कि ये इस लोक के प्राणी हैं। एक मनुष्य है, उसके मुख पर सहजता कभी दिखाई ही नहीं देती। दृष्टान्त के लिए दूर जाने की आवश्यकता नहीं है,राजप्रासाद को ही ले लो, यहाँ जितने भी परिचारक-परिचारिकाएँ हैं, मेरे सामने वे भले ही प्रसन्न रहने की चेष्टा करते हैं, पर उन्हें जब भी मैं अकेले में देखता हूँ, तो वे तनाव-ग्रस्त ही दिखाई देते हैं। उनकी हँसी भी कृत्रिम होती है। राजप्रासाद में वे विवशता के चलते सेवारत हैं और उस विवशता का कारण उनकी निर्धनता है। कितनी बड़ी विषमता है इस समाज में! लोग इस अभिशाप से न जाने कब मुक्त होंगे।''

"लीजिए, यहाँ भी आप वही चिन्ता लेकर बैठ गये? आर्यपुत्र, मेरे विचार से जीवन को सहज रूप में आप स्वयं नहीं जीना चाहते। प्रकृति ने जो अवसर और साधन दिये हैं, उनकी उपेक्षा करके आप अपने को व्यर्थ में उलझा लेते हैं। सच तो यह है कि हम लोगों के चिन्ता करने या

छटपटाने से कुछ नहीं होगा। इसलिए सब कुछ भूलकर हमें जीवन का आनन्द लेना चाहिए। वैसे भी जिस विषमता को लेकर आप चिन्तित हैं, वह आज से नहीं, अनादिकाल से है और उसे दूर करने का यथासम्भव प्रयास भी होता रहा, पर कहाँ वह दूर हो पायी। वह आज भी है और भविष्य में भी रहेगी। यदि ऐसा न होता, तो न आप राजकुमार होते और न मैं वधू के रूप में इस राजप्रासाद में आती। हम लोग भी सामान्य परिवारों में पैदा हुए होते।''

''यश, तुम कैसी बात करती हो? संवेदना ही तो मनुष्य को मनुष्य बनाती है। यह गुण तो पशु-पक्षियों में भी पाया जाता है। वह देखो, पुष्करिणी के तट पर एक पक्षी को घेरकर सारे पक्षी किस तरह शोर कर रहे हैं। जानती हो क्यों, किसी कारणवश वह उड़ नहीं पा रहा है, उसी के चलते वे क्रन्दन कर रहे हैं।''

''आर्यपुत्र! जितना लोग अपने दुःख से दुःखी नहीं होते, उससे अधिक आप दूसरों के दुःख को देखकर दुःखी हो जाते हैं। आपका ध्यान इस ओर क्यों नहीं जाता कि लोग जान बूझकर अपने दुःखों की अनदेखी करते हैं और जीवन को उससे बोझिल होने से बचाते हैं क्योंकि उन्हें अच्छी तरह ज्ञात है कि दुःख को अपेक्षा से अधिक महत्व देने से जीने का उत्साह ठंडा हो जाता है।''

पहले तो मैंने सोचा कि वे मुझे ध्यान से सुन रहे हैं, पर जब मैं अपनी बात कह चुकी और देखा कि वे मेरे सामने अन्यमनस्क भाव से बैठे हैं, क्रिया-प्रतिक्रिया की एक क्षीण रेखा भी उनके मुखमण्डल पर नहीं है, तो मैं क्षुब्ध हो गयी। इच्छा तो यही हुई कि वहाँ से उठ जाऊँ, पर बहुत सोच-समझकर नहीं उठी। वे मेरी क्षुब्धता को ताड़ गये और स्पष्टीकरण देते हुए बोले–''यश, तुम समझ रही हो कि मैं तुम्हें सुन नहीं रहा हूँ, सुन ही नहीं रहा हूँ, अपितु तुम्हारी इस सोच पर स्तब्ध भी हूँ। संसार के जिस दुःख को तुम इतने हल्के में ले रही हो, वह हल्का नहीं, गम्भीर है। मुझे ही नहीं, इस पर सभी को विचार करना चाहिए। अन्य की बात तो मैं नहीं जानता, पर मुझे ऐसा लगता है कि कहीं न कहीं जाने-अनजाने इस गम्भीर विषय को समझने में हम सभी भूल कर रहे हैं। अब रही अपने-पराये के दुःख की बात, तो इस विषय में भी मैं स्पष्ट कह देना चाहता हूँ कि मुझसे दूसरों का दुःख नहीं देखा जाता। वैसे भी मात्र अपने लिए जीना भी कोई जीना है? इस तरह की प्रवृत्ति तो पशुओं में पायी जाती है।

"आर्यपुत्र, आपको समझ पाना कठिन है। आपकी ये गूढ़ बातें मेरी समझ के बाहर हैं। मैं चाहती हूँ कि आप प्रसन्न रहें और यह तभी सम्भव है, जब आप अपने को इधर-उधर की चिन्ताओं से मुक्त रखेंगे।"

"ठीक है यश, तुम्हारे इस सुझाव पर मैं अवश्य विचार करूँगा।" इतना कहकर उन्होंने मुस्कराने का प्रयास किया, पर विडम्बना इस बात की रही कि इस आश्वासन के बाद भी उनके स्वभाव में कोई परिवर्तन नहीं आया। फिर, परिवर्तन आता भी कैसे, संसार का दुःख उनका जो दुःख हो गया था। वह उन्हें चैन से जीने कहाँ दे रहा था। सच तो यह है कि मैंने कभी उन्हें सहज मुद्रा में देखा ही नहीं। उनकी गम्भीर मुद्रा राजप्रासाद को निरन्तर व्यथित किये रहती थी।

तेरह

कितनी विचित्र सोच थी उनकी! उनका यह कहना कि मैं संसार से जरा के अस्तित्व को मिटा दूँगा, यह हास्यास्पद नहीं तो और क्या था? यदि ऐसा सम्भव होता, तो इस संसार में जरा को मुँह छिपाने का भी स्थान न मिलता। इस धरती पर एक से एक मनीषी आये, किसी ने यह घोषणा नहीं की कि वे संसार को सदा के लिए वार्धक्य से मुक्ति दिलवा देंगे। जरा और जरा-निवृत्ति की चिन्ता करते-करते उन्होंने पूरी कपिलवस्तु को चिन्तित कर दिया था। उनकी उदास मुद्रा को देखकर महाराज शुद्धोदन को जैसे साँप सूँघ जाता था और लगते थे इनके मन को बहलाने का उपक्रम करने।

फिर, महाराज का क्या दोष? उनके स्थान पर जो भी होता, वही उस विषम परिस्थिति में छटपटाता। उनकी विवशता को देखकर मैं स्वयं उद्विग्न हो जाती थी और सोचती–'ईश्वर ने इनके भाग्य में चिन्ता और तनाव के अतिरिक्त और कुछ लिखा ही नहीं है क्या?'

जरा-दर्शन के बाद उन्हें उद्विग्न देखकर महाराज ने मुझसे बड़े निरीह स्वर में कहा–"बेटी, राजकुमार को लेकर मेरी चिन्ता बढ़ती जा रही है, मुझे उबार लो। अपने मृदु व्यवहार से राजकुमार के मन को इस तरह बहलाती रहो कि उसका ध्यान वैराग्य की ओर जाये ही न। ज्योतिषियों और असित मुनि की भविष्यवाणियाँ मेरे हृदय को बेधती रहती हैं। देख रही हो न, जरा-दर्शन के बाद से वह किस तरह उद्विग्न हो गया है? मैंने कौन-सी सावधानी नहीं बरती? मेरा निरन्तर प्रयास रहा कि उसकी आँखों के सामने कोई अशुभ दृश्य न आये। इसके लिए सुरक्षाकर्मियों को कठोर आज्ञा भी दे रखी थी, पर फिर भी राज-मार्ग में न जाने कहाँ से एक वृद्ध टपक पड़ा,

जिसे देखकर राजकुमार क्षुब्ध हो गया। अस्तु, अभी कुछ नहीं बिगड़ा है, शेष दृश्यों से उसे बचाना है। मैं तो सतर्कता बरत ही रहा हूँ, तुम भी अपने स्तर से ऐसा कुछ करो कि उसका मन इधर-उधर न भटके।''

"तात, आप निश्चिन्त रहें। आज के बाद आर्यपुत्र राजप्रासाद के उद्यान में ही भ्रमण करेंगे, मैं उन्हें राज-मार्ग पर जाने का अवसर ही न दूँगी।''

कहने को तो मैंने महाराज को आश्वस्त कर दिया और थोड़ा-बहुत वे निश्चिन्त भी हुए, पर उसके बाद मैं स्वयं इस आशंका से आक्रान्त हो गयी कि आर्यपुत्र मेरी हर बात मान ही लेंगे। वैसे भी जब मैं किसी बात के लिए उनसे हठ करती थी, तो वे अपने तर्कों से मुझे इस तरह समझाने लगते थे कि मैं देखती रह जाती थी। फिर, मेरी भी तो अपनी एक सीमा थी, उसका अतिक्रमण करके उन्हें दुःखी भी तो नहीं कर सकती थी। वे तो वैसे ही मुझे अपेक्षा से अधिक महत्व देते थे। राजप्रासाद की अपनी अपेक्षाएँ थीं, मेरा अपना स्वार्थ था, पर देखा जाय तो उनका हृदय स्वार्थ की संकीर्णताओं से ऊपर उठ चुका था। उन्हें अपने दुःख की चिन्ता नहीं थी, चिन्ता थी संसार के दुःख की, उसकी अज्ञानता की।

ऐसी स्थिति में उन्हें समझाना स्वयं मुझे अपना उपहास लगता था और तब मैं अपनी स्वयं की दृष्टि में हल्की लगने लगती थी। एक ओर आर्यपुत्र का सारगर्भित तर्क और दूसरी ओर महाराज का अनुरोधात्मक आदेश, दोनों के बीच मैं त्रिशंकु की तरह लटकी थी।

भ्रम में जीना मनुष्य के स्वभाव में है। यह जानते हुए भी कि उसके हाथ-पाँव मारने का कोई अनुकूल परिणाम नहीं आने वाला है, फिर भी वह प्रयास पर प्रयास करता रहता है। यह उसका भ्रम नहीं तो और क्या है? इसी तरह के भ्रम का शिकार होकर मैं भी जी रही थी। लगता था कि मैं अपनी इच्छा से नहीं, महाराज की इच्छा को ध्यान में रखकर सारा प्रयास कर रही हूँ। फिर, प्रयास क्यों न करती? महाराज जब भी मेरे सामने आते, उनकी चिन्तित मुद्रा देखकर मुझे रोना आ जाता था और उस समय महाराज की चिन्ता के सामने मेरे अपने भविष्य की चिन्ता नगण्य हो जाती थी।

आश्वासन देना सरल है, पर उसे व्यावहारिक रूप देना असम्भव नहीं तो कठिन अवश्य है। महाराज को आश्वासन देने के बाद भी मैं आर्यपुत्र को राजप्रासाद के बाहर जाने से कहाँ रोक पायी? एक दिन पुनः उन्होंने उद्यान-भ्रमण की इच्छा व्यक्त की और इसके लिए वे जब महाराज के पास गये, तो न चाहते हुए भी उन्होंने अनुमति दे दी।

छन्दक रथ तैयार करके ले आया और वे प्रसन्न मुद्रा में रथारूढ़ हुए। उनके दर्शन के लिए मार्ग के दोनों ओर तो नागरिक खड़े ही थे, साथ-साथ छतों एवं वातायनों से भी लोग दृष्टिलाभ कर रहे थे। मैंने सोचा, आर्यपुत्र जब उद्यान-भ्रमण के लिए निकले हैं, तो उनके लौटने में एकाध प्रहर तो लग ही जायेगा, तब तक मैं अपनी सखियों को बुलवाकर कुछ हास-परिहास कर लूँ, पर अपना सोचा कहाँ हो पाया? उन्हें गये हुए अभी एक घड़ी भी नहीं हुई होगी कि उनके लौटने की सूचना आ गयी-

"देवि! राजकुमार का रथ लौट आया। उनकी उदास मुद्रा देखकर महाराज अस्थिर हो गये हैं।" डरते-डरते परिचारिका ने कहा।

"क्या कहा, आर्यपुत्र बिना उद्यान-भ्रमण किये लौट आये?" मैंने साश्चर्य पूछा।

"मेरी सूचना सच है देवि।"

"ठीक है, तुम जाओ, किसी कारणवश लौट आये होंगे।"

वह तो चली गयी, पर मुझे संयत होने में समय लगा। रह-रहकर यह आशंका चुभती रही कि कहीं पुनः तो उन्होंने कोई अशुभ दृश्य नहीं देख लिया, जिससे खिन्न होकर लौट आये हों। उस समय अपने उद्विग्न मन को मैंने इस तरह समझाया–'देखो भाई, जो बात अपने वश में न हो, उसके लिए अशान्त होने की आवश्यकता नहीं है, इसलिए अपने को सँभालो, और आने वाली परिस्थिति का सामना करो।' तदनन्तर उनकी अगवानी करने के लिए मैं सहज होने का प्रयास करने लगी।

"आर्यपुत्र! आज आप पुनः बिना उद्यान-भ्रमण किये लौट आये?" मैंने मुस्कराने की चेष्टा की, पर सफल न हुई।

"हाँ यश, आज उस दृश्य से भी अधिक दुःखद दृश्य दिखाई दिया।"

"कैसा दृश्य?"

"मेरा रथ मन्द गति से जा रहा था। मैं लोगों के अभिवादन को स्वीकार कर प्रसन्नता का अनुभव कर रहा था कि अचानक मेरी दृष्टि एक ऐसे व्यक्ति पर पड़ी, जो चल नहीं, रेंग रहा था। उसके गलित अंगों से बुरी तरह रक्त-स्राव हो रहा था। शरीर पर मक्खियाँ भिनभिना रही थीं। छन्दक से पूछने पर ज्ञात हुआ कि उस आदमी को किसी असाध्य रोग ने ग्रस लिया है। यश! लगता है, इस संसार में जरा और व्याधि मनुष्य को निगल जाने के लिए कटिबद्ध हैं।"

"आर्यपुत्र, यदि आप इसी तरह छोटी-छोटी समस्याओं को लेकर उद्विग्न होते रहे, तो हो चुका कपिलवस्तु का कल्याण, बन चुके आप

चक्रवर्ती राजा। भला बताइये, जिस समस्या से आपका दूर-दूर का सम्बन्ध नहीं है, उसके लिए इस तरह दुःखी होना कहाँ की बुद्धिमानी है?''

''तुम कैसी बात करती हो? लोगों का दुःख हमारा दुःख नहीं है क्या? हम इतने स्वार्थी हो गये हैं कि किसी को दुःखी देखकर उसके प्रति सहानुभूति के दो शब्द भी नहीं बोल सकते? नहीं यश, नहीं, इतना निर्मम मैं नहीं हो सकता। कल को वही रोग तुम्हें या मुझे हो जाय तो?''

''आर्यपुत्र, आपकी इस सहानुभूति से कुछ नहीं होने वाला है। इस संसार में लोगों को अपने कर्मों का फल भोगना ही है। जो जैसा करता है, उसे उसी के अनुसार फल मिलता है। अच्छा, आप ही बताइये, यदि कोई अपराध करे और उसे उसका दण्ड न मिले, यह उचित है? कोई अच्छा कर्म करे, तो उसे उसका अच्छा फल मिलना चाहिए कि नहीं? देव, विधि के इस विधान में हस्तक्षेप करना अनुचित है।''

''यश, ऐसा न कहो। आर्त्तजनों के प्रति सहानुभूति ही नहीं, यथासम्भव उनकी सहायता करना भी हमारा धर्म है। यदि मनुष्य, मनुष्य की सहायता नहीं करेगा, तो मनुष्येतर प्राणी थोड़े ही उसकी सहायता के लिए आगे आयेंगे। मुझसे यह सब नहीं देखा जायेगा। जरा और व्याधि से मुक्ति दिलाने के लिए मुझे कुछ न कुछ करना होगा।''

''अच्छा चलिए पहले भोजन कर लें, फिर जरा और व्याधि के विषय में सोचें। आज न जाने क्यों मुझे क्षुधा ने कुछ अधिक ही पीड़ित कर रखा है।''

''इस समय भोजन करने की मेरी रंचमात्र इच्छा नहीं है। रह-रहकर मेरा ध्यान उस रोगी पर चला जा रहा है। उस घृणित दृश्य को देखकर मुझे ही नहीं, किसी को भी मिचली आ सकती है। यश, लोग कहते हैं कि ईश्वर बड़ा दयालु है, पर मुझे ऐसा कुछ नहीं दिखाई देता। यदि वह दयालु होता, तो उसकी इस सृष्टि में असहाय एवं निरीहजन नारकीय जीवन क्यों जीते?''

उस समय मेरे लाख समझाने पर भी वे भोजन के लिए नहीं उठे। पुत्र की खिन्नता देखकर महाराज उसी तरह छटपटा रहे थे जैसे जल के बिना मीन छटपटाती है। उनकी निरीहता देखकर मैं सोचने लगी–'यदि उनके भाग्य में गृह-त्याग ही लिखा है, तो उसे कौन टाल सकता है? सुरक्षा के कड़े पहरे को चुनौती देकर दो घटनाएँ घट गयीं और हम कुछ नहीं कर पाये। अतः जो जैसे हो रहा है, उसे उसी रूप में स्वीकार कर लेना चाहिए। वैसे भी जहाँ हमारा वश न चले, वहाँ सब कुछ ईश्वर पर छोड़ देना चाहिए।'

पर यह सोच मेरी अपनी थी, इसे महाराज शुद्धोदन पर कैसे थोपती? उन्हें समझाने का प्रयास करती, तो छोटे मुँह बड़ी बात न हो जाती?

चौदह

मनुष्य यह जानते हुए भी कि इस समस्या का समाधान नहीं है, फिर भी वह उसके चक्कर में अपनी सुख-शान्ति गँवाता रहता है। आर्यपुत्र के साथ यही हुआ न! जरा और व्याधि के साक्षात्कार से उनकी प्रसन्नता का शनैः-शनैः क्षरण होने लगा। महाराज शुद्धोदन उनके मन को बहलाने के लिए आमोद-प्रमोद के साधनों में वृद्धि करते जा रहे थे। उन्हें प्रसन्न करने के लिए मैं भी यथासम्भव प्रयास कर रही थी, पर एक-एक करके सारे प्रयास निष्फल होते जा रहे थे। एक दिन हम दोनों किसी विषय पर चर्चा कर रहे थे कि वे विषयान्तर हो गये–"यश, यदि जरा और व्याधि न होते, तो यह संसार कैसा होता?"

उनके इस प्रश्न को सुनकर कुछ देर तक मैं उन्हें देखती रही, क्योंकि मेरी दृष्टि में उनका यह प्रश्न निरर्थक था। फिर भी उन्हें समझाती हुई बोली–"आर्यपुत्र, आप इन बातों को इतना महत्त्व क्यों देते हैं? अपने कर्त्तव्य के विषय में क्यों नहीं सोचते?"

"तुम कहना क्या चाहती हो?"

"मेरे कहने का आशय यह है कि आप एक महान राज्य के राजकुमार हैं। राज्य, राजनीति, राज्य की सुख-समृद्धि, प्रजा का सुख-दुःख आदि विषय आपके कर्त्तव्य-क्षेत्र में आते हैं। आपको इन विषयों पर ध्यान देना चाहिए ताकि भविष्य में आप हर चुनौती का सामना कर सकें। जरा और व्याधि जैसे गूढ़ विषयों पर सोचना तो तत्त्वान्वेषी दार्शनिकों का काम है।"

"यश, मुझे अपने कर्त्तव्य का बोध है, पर इतना तुम्हें अवश्य मालूम

होना चाहिए कि राज्य और राजनीति जैसे विषय मेरे कर्त्तव्य-क्षेत्र में नहीं आते। फिर, यह तो व्यक्तिगत हित की बात हुई। हमें कभी-कभी स्वार्थ से हटकर दूसरों के लिए भी सोचना चाहिए। मनुष्य तो वैसे ही स्वार्थ में डूबा हुआ है और उसकी यह प्रवृत्ति धीरे-धीरे उसे मानवता से दूर भी करती जा रही है। यह जान लो, जब तक हम स्वार्थ से ऊपर नहीं उठते, तब तक मनुष्य कहलाने के अधिकारी नहीं हैं और जिस जरा और व्याधि को तुम गूढ़ विषय की संज्ञा दे रही हो, वे गूढ़ नहीं हैं, उनका निराकरण है। समय रहते यदि हम जागरूक हो जायँ, तो जरा और व्याधि-जन्य दुःखों से मुक्ति मिल सकती है।''

'जरा और व्याधि-जन्य दुःखों से मुक्ति मिल सकती है' उनका यह विश्वास मुझे निराधार लगा। जब यह संसार परिवर्तनशील है और जड़-चेतन सभी शनैः-शनैः क्षरण की ओर बढ़ रहे हैं, तब इनसे मुक्ति पाने की बात करना किस सीमा तक समीचीन है। लोग कहते हैं कि यह शरीर रोग का घर है और वह निरन्तर परिवर्तन के चक्र में घूम रहा है, फिर आर्यपुत्र की इस बात में कहाँ सार है? उस समय अपने मन की बात मन में ही रखकर उनसे तर्क करना उचित न समझकर उनके मन को उनके कर्त्तव्य-बोध की ओर उन्मुख करने का मैंने इस आशा से प्रयास किया कि सम्भवतः उनका ध्यान गृह-त्याग के उन दोनों निमित्तों से हट जाय। उस समय मैंने बड़ी विनम्रता से उनसे निवेदन किया–''आर्यपुत्र, आपके उद्विग्न होने से कुछ नहीं होने वाला है। इसलिए मेरा विनम्र सुझाव है कि आप इन विषयों को गम्भीरता से न लें। राजकुमार के उचित जो कर्म हैं, उन पर ध्यान दें। आगे चलकर आपके कन्धों पर कपिलवस्तु राज्य का दायित्व भी तो आने वाला है। वैसे भी किसी भावी राजा के लिए इतना संवेदनशील होना उचित नहीं है।''

इस प्रकार उनके ध्यान को जरा एवं व्याधि की ओर से हटाने का प्रयास करने के बाद भी उनकी चिन्ता को दूर करने में मैं असफल रही। मेरे सामने भले ही वे प्रसन्न रहने का प्रयास करते थे, पर एकान्त में होने पर इस तरह खिन्न हो उठते थे कि पूछिये मत। उस समय उनकी दशा उस जराग्रस्त व्यक्ति की तरह हो जाती, जो चलने-फिरने में भी अशक्त है। वे उस रोगी के सदृश हो जाते, जिसे देखकर लोगों का मन घृणा से भर जाता है।

आर्यपुत्र को गृह-त्याग के तीसरे निमित्त 'मृत-पुरुष' का दर्शन न हो,

इसके लिए कपिलवस्तु की पूरी राज्य-शक्ति लगी हुई थी, पर वह कहाँ कुछ कर पायी? एक दिन पुनः उन्हें उद्यान-भ्रमण की इच्छा हुई, बोले–"यश, सोचता हूँ, कुछ देर के लिए राजप्रासाद के प्रांगण से निकलकर उद्यान-भ्रमण कर लूँ। न जाने क्यों यहाँ मन घुट रहा है। पिताजी मेरी प्रसन्नता के लिए जो भी आमोद-प्रमोद के कार्यक्रम सम्पन्न करवाते हैं, उनसे मेरी घुटन और बढ़ जाती है। सम्प्रति मैं उन्मुक्त वातावरण में साँस लेना चाहता हूँ। इस निमित्त मैं उनसे अनुमति लेने जा रहा हूँ।"

महाराज को इसका आभास हो चुका था। फलतः उन्होंने मंत्री एवं सुरक्षाकर्मियों को आज्ञा दी–'राजकुमार के उद्यान-भ्रमण के समय राजमार्ग में कोई भी अशुभ दृश्य नहीं आना चाहिए। यदि पहले की तरह इस बार भी कोई अप्रिय घटना घटी, तो तुम लोगों की कुशल नहीं।' इसके बाद तो चारों ओर सुरक्षा-व्यवस्था कड़ी कर दी गयी न!

उद्यान-भ्रमण के लिए आर्यपुत्र जब चले गये, तो मैं आशंकित होकर सोचने लगी-'कहीं आज उन्हें मृतपुरुष का न दर्शन हो जाय और यदि ऐसा हुआ, तो अनर्थ हो जायेगा। महाराज को क्या कहूँ, इतना सब कुछ हो जाने के बाद भी उन्होंने उन्हें उद्यान-भ्रमण की आज्ञा दे दी। फिर, उन्हें भी दोष क्यों दूँ, पुत्रमोह के सामने उनकी कहाँ कुछ चल पाती है। आर्यपुत्र को देखते ही उनकी कठोरता निरीह जो हो जाती है।'

अभी मेरे भीतर आशंका का उथल-पुथल चल ही रहा था कि देखती हूँ, छन्दक सामने खड़ा है। उसकी सहमी मुद्रा को देखकर मैं अस्थिर हो गयी। कुछ समय तो मुझे अपने को संयत करने में लगा। यद्यपि उस समय मैं कुछ पूछने का साहस नहीं कर पा रही थी, फिर भी मेरी जिज्ञासा मुखर हो गयी–"आर्यपुत्र ने उद्यान-भ्रमण नहीं किया क्या?"

"कुछ मत पूछिए देवि, कुछ मत पूछिए। आज राजकुमार को यह भी आभास हो गया कि यह सृष्टि मरणधर्मा और अनित्य है।"

"हुआ क्या, कुछ बताओगे भी?"

"जो नहीं होना चाहिए था, वही हुआ।" कहकर उसने पूरी घटना की जानकारी इन शब्दों में दी-

"राज-मार्ग में अद्भुत सन्नाटा था। रथ शनैः-शनैः बढ़ रहा था। सहसा राजकुमार की दृष्टि एक शव-यात्रा पर पड़ी। चार व्यक्ति कन्धे पर अर्थी ले जा रहे थे और उसके पीछे मृत व्यक्ति के परिजन रोते-बिलखते चल रहे थे।"

"छन्दक, लोग किसको कन्धे पर ले जा रहे हैं?" उनकी जिज्ञासा मुखर हो उठी।

"कुमार! जिसे लोग ले जा रहे हैं, वह व्यक्ति मृत्यु को प्राप्त हुआ है।" न चाहते हुए भी मेरे मुँह से यह वाक्य निकल गया।

"यह मृत्यु क्या है?"

"संसार में मनुष्य के दिन जब पूरे हो जाते हैं, तो उसके प्राण लेने के निमित्त जो सत्ता आती है, उसे मृत्यु कहते हैं। प्राण निकलने के बाद शरीर काष्ठवत हो जाता है। उसके परिजन रोते-चिल्लाते अवश्य हैं, पर शव को यथाशीघ्र अग्नि को सौंप देने का उपक्रम करते हैं।"

"तो क्या हम लोगों को भी मृत्यु निगल जायेगी?" उन्होंने अधीर होकर पूछा।

"हाँ देव, मृत्यु ध्रुवसत्य है। एक न एक दिन उसकी चपेट में हम सभी को आना है। वैसे भी यह मृत्युलोक है, इसमें जो भी आया है, उसकी मृत्यु सुनिश्चित है।" मेरे मुँह से मृत्यु की ध्रुवसत्यता भी निकल गयी।

"तो क्या मेरी यशोधरा भी मृत्यु को प्राप्त हो जायेगी?"

"यहाँ कोई अमर होकर नहीं आया है। यदि मृत्यु पर किसी का वश रहा होता, तो आज इस धरती पर पैर रखने भर का भी स्थान शेष न रहता।"

"छन्दक, रथ को राजप्रासाद की ओर ले चलो।" उन्होंने भीगे स्वर में आदेश दिया।

"स्वामी! उद्यान-भ्रमण नहीं करेंगे?"

"अब उसकी आवश्यकता नहीं रही। जिस लोक में जरा, व्याधि और मृत्यु का साम्राज्य हो, दुःख के अतिरिक्त और कुछ हो ही न, मेरे विचार से वह त्याज्य है।"

"आप बिना उद्यान-भ्रमण किये लौट चलेंगे, तो महाराज खिन्न नहीं हो जायेंगे?"

"छन्दक, अब मेरे लिए किसी की खिन्नता और प्रसन्नता का कोई अर्थ नहीं रह गया है, इसलिए जितना कहूँ, उतना करो।"

फिर तो रथ को राजप्रासाद की ओर मोड़ने के अतिरिक्त मेरे सामने और कोई विकल्प था ही नहीं।

"ठीक है, तुम जाओ मैं देखती हूँ।" छन्दक को जाने का आदेश देकर मैं निकट भविष्य की चिन्ता में डूब गयी।

महाराज ने जब सुना कि और राजकुमार को मृत-पुरुष का दर्शन भी

हो गया, तो उन्होंने सिर पीट लिया–"असितमुनि की भविष्यवाणी को असत्य सिद्ध करने के मेरे सारे प्रयास निष्फल हो गये। अब राजकुमार को गृह-त्याग करने से कैसे रोका जाय?" कहकर वे फफक पड़े।

इतना ही नहीं, इस घटना की जानकारी जिसे भी हुई, वही अस्थिर हो गया। कपिलवस्तु में जैसे कोई अप्रिय घटना घट गयी हो। सभी के मुख पर उदासी छा गयी। महाराज ने कुमार की प्रसन्नता लौटाने के लिए तत्काल नृत्य-गान का आयोजन करने का आदेश दिया। देखते-देखते सुन्दर एवं यौवन-सम्पन्न नर्तकियाँ अपने हाव-भाव से आर्यपुत्र को रिझाने लगीं, पर उनकी प्रसन्नता तो सदैव के लिए उनका साथ छोड़ चुकी थी। रंगशाला में रहकर भी वे नहीं थे। उनका मन संसार को जरा, व्याधि एवं मृत्यु से त्राण दिलवाने के लिए छटपटा रहा था। फलतः वहाँ से उठकर वे मेरे प्रासाद में चले आये।

"यश, आज मैंने एक मृत व्यक्ति को देखा।"

"यह कौन-सा आश्चर्य आपने देख लिया, जिससे इतने अस्थिर हो गये हैं।"

"कैसी बात करती हो, तुम्हें मृत्यु साधारण घटना लग रही है?"

"आर्यपुत्र, जो सत्य ही नहीं, ध्रुव सत्य हो, उसके लिए उद्विग्न होने की क्या आवश्यकता? आपने कभी इस विषय पर ध्यान दिया कि इस संसार में एक से एक महामानव आये और अपनी अमृत वाणी से संसार को सन्मार्ग पर चलने की प्रेरणा देकर चले गये। जब ऐसे लोग मृत्यु से नहीं बच पाये, तो साधारण प्राणियों के विषय में क्या कहा जाय? इस मरणधर्मा सृष्टि में रहकर भी आप यदि मृत्यु को आश्चर्य का विषय मानते हैं, तो इसके लिए मैं आपको क्या कहूँ?"

"यश, मैं मृत्यु से भयभीत नहीं हूँ। मेरी चिन्ता संसार के प्राणियों की निश्चिन्तता को लेकर है। जब लोग यह जानते हैं कि एक न एक दिन मृत्यु उन्हें निगल जायेगी, तब वे इतने निश्चिन्त भाव से भोग-विलास में क्यों लिप्त हैं?"

"तो क्या करें, मृत्यु के स्वागत के लिए सज-धजकर बैठें या सिर पीट-पीटकर रोयें? अरे, मृत्यु जब आयेगी तो आयेगी, पहले से ही लोग अपना जीना क्यों दूभर कर लें? आर्यपुत्र! यह जीवन जीने के लिए मिला है न कि जरा, व्याधि एवं मृत्यु से भयभीत होकर रोने के लिए। विडम्बना तो इस बात की है कि जीवन को सहज ढंग से जीने का हम प्रयास ही

नहीं करते। जो हमारे निकट है, उसे न देखकर हम सदैव दूर की सोचते हैं और हमारी यह सोच दुःखों को आहूत करती है न कि उससे मुक्ति दिलवाती है। वैसे भी जो हमारे वश में नहीं है और जो अनिवारणीय है, उसे लेकर उद्विग्न होना हमारी अज्ञानता है। कपिलवस्तु के भावी राजा को तो हर परिस्थिति का सामना करने के लिए तत्पर रहना चाहिए। आर्यपुत्र, कपिलवस्तु के लोगों को आपसे बड़ी आशा है। उनकी जो अपेक्षाएँ महाराज से नहीं पूरी हो रही हैं, उन्हें वे आपसे पूरी होने की आशा सजोये बैठे हैं।"

"तुमसे कुछ भी कहना-सुनना व्यर्थ है। तुम्हें तो अपने तर्क के सामने मेरी तथ्यपरक बातें भी निरर्थक लगती हैं। यश, मेरी चिन्ता उतनी हल्की नहीं है, जितनी कि तुम समझती हो।"

"आपकी चिन्ता हल्की है या गम्भीर, यह मैं नहीं जानती, पर इतना अवश्य कहना चाहती हूँ कि इनके चक्कर में पड़कर न तो आप अपना जीवन दूभर करें और न ही मेरा, क्योंकि इसकी आँच हमारे दाम्पत्य जीवन को प्रभावित कर सकती है। फिर, इन बातों को लेकर आपका अशान्त होना हमारे लिए ही नहीं, पूरी कपिलवस्तु के लिए घातक है क्योंकि आपकी प्रसन्नता-अप्रसन्नता का सम्बन्ध इस महान् राज्य से भी है।"

"यश, जब तक इस संसार को इन तीनों दुःखों से मुक्ति नहीं दिलवा देता, तब तक मुझे शान्ति नहीं मिलेगी।"

"ठीक है, पहले आप अपने को संयत करें, फिर संसार के विषय में सोचें। यदि आप जैसे दो-चार लोग और हो जायँ, तो हो चुका कपिलवस्तु का कल्याण।"

"इस समय मुझे तुम्हारी सहानुभूति की आवश्यकता है न कि तर्क-वितर्क की।"

मैं वहाँ से निकल आयी। समझ गयी कि समझाने-बुझाने का इनके ऊपर कोई प्रभाव नहीं पड़ने वाला है। वस्तुतः उस दिन मैं उनके व्यवहार से बहुत आहत हुई थी। मैंने तो यह सोचकर उन्हें पति के रूप में वरण किया था कि मैं कपिलवस्तु के भाग्य पर छाये दुःख के मेघों को छाँट दूँगी, उन्हें विरक्ति से अनुरक्ति की ओर उन्मुख करके महाराज शुद्धोदन को सदा के लिए चिन्तामुक्त कर दूँगी, पर उस दिन मेरे सारे संकल्प एक साथ ढहते दिखाई दिये।

मैं उद्विग्नावस्था में बैठी थी कि इसी बीच अम्ब प्रजापति गौतमी

आ गयीं। मुझे उदास देखकर वे पूछ बैठीं–"लगता है आज तुम भी हार गयी?"

"अम्ब, 'पराजय' शब्द मेरे जीवन के शब्दकोश में नहीं है। वैसे भी पराजय कहाँ और किसके लिए श्रेयस्कर है? पर यहाँ आने के बाद मुझे पराजय के अतिरिक्त और कुछ मिला ही नहीं। विवाह के पूर्व मैं जितनी स्वतन्त्र थी, यहाँ आने के बाद उतनी ही परतन्त्र हो गयी। मैंने अपने को राजपरिवार की उन समस्याओं में उलझा लिया, जिनका निराकरण मेरे वश के बाहर था। आर्यपुत्र की प्रसन्नता के लिए मैंने अपनी सारी ऊर्जा लगा दी, पर प्रतिदान में मिला क्या, निराशा।"

"नहीं बेटी नहीं, इस तरह निराश होने से काम नहीं चलेगा। यह राजपरिवार मात्र तुम्हारे बल पर टूटने से बचा है। उसे आज भी विश्वास है कि तुम राजकुमार के जीवन को एक नूतन दिशा दोगी। इसके पहले तो हमलोग निराशा से आक्रान्त थे ही। तुमने मेरे सामने अपनी वेदना भले ही व्यक्त कर दी, पर महाराज के सामने इसे मत प्रकट करना। वे तो पहले से ही टूटे हैं, तुम्हें जब इस दशा में देखेंगे, तो जीवन से भी निराश हो जायेंगे। जानती हो, कल महाराज क्या कह रहे थे? वे भीगे स्वर में कह रहे थे कि अब मैं हार गया। थोड़ी-बहुत जो आशा शेष है, वह बहू से है। राजकुमार के मन को अब संसार के प्रति आसक्ति की ओर वही उन्मुख कर सकती है।"

उनके जाने के पश्चात् मैं लगी सोचने–'लगता है मैं अपने लिए नहीं, इस राजपरिवार के लिए जी रही हूँ। मेरा अपना कोई अस्तित्व है ही नहीं। राजपरिवार अपनी निरीहता का रोना इसलिए रो रहा है कि मैं अपने शेष को भी उसके लिए निचोड़ दूँ। इस तरह मैं कब तक अपने को निचोड़ती रहूँगी? बहुत हो चुका, अब अधिक और नहीं निचुड़ सकती। जब जीवन का रस ही नहीं रहेगा, तो फिर किस बल पर मैं अपने को जीवित रख पाऊँगी।

वैसे भी मैं एक सामान्य नारी हूँ, साधना की उस पराकाष्ठा पर नहीं पहुँची हूँ, जहाँ दूसरों की सुख-शान्ति के लिए अपने को मिटा दिया जाता है। जब होता है, तब आर्यपुत्र संसार के दुःखों का रोना लेकर बैठ जाते हैं, उस घड़ी मैं अन्दर ही अन्दर तड़प कर रह जाती हूँ। इच्छा होती है कि इस घुटनमय वातावरण से निकलकर कुछ दिनों के लिए मायके चली जाऊँ, वहाँ जीवन को सहज रूप में जीने का अवसर तो मिलेगा। यहाँ तो दुःख और तनाव के अतिरिक्त और कुछ है ही नहीं।

पन्द्रह

मनुष्य जिस सम्भावना से डरता है, उससे जितना भागता है, वह उसका उतना ही पीछा करती है। राजकुमार के गृह-त्याग की आशंका ने कपिलवस्तु को त्रस्त कर रखा था और जिस दिन गृह-त्याग के तीनों निमित्त पूरे हो गये, उस दिन राजप्रासाद पर जैसे वज्रपात हो गया हो। महाराज शुद्धोदन ने तो अपना सिर पीट लिया–"अब असित मुनि की भविष्यवाणी के सच होने में विलम्ब नहीं है। संसार की कोई ऐसी शक्ति नहीं है, जो राजकुमार को गृह-त्याग करने से रोक ले।"

अम्ब महाप्रजापति गौतमी उन्हें समझाने का असफल प्रयास कर रही थीं–"आर्यपुत्र, आप अनावश्यक विचलित हो रहे हैं। जब आप ही धैर्य छोड़ देंगे, तो हम लोगों का क्या होगा? आपको तो हर परिस्थिति का सामना करने के लिए उद्यत रहना चाहिए।"

"आर्ये, मैं विषम-सी-विषम परिस्थिति में भी विचलित नहीं होता, यह तुम अच्छी तरह जानती हो, पर जहाँ राजकुमार की बात आती है, वहाँ मैं विचलित ही नहीं, टूटने भी लगता हूँ। अब किस बल पर मैं धैर्य धारण करूँ, कैसे अपने मन को बोध दूँ? राजकुमार के गृह-त्याग के तीनों निमित्त पूरे हो चुके हैं और वे उन्हें विरक्त करने पर कटिबद्ध हैं। देख नहीं रही हो उसका तनावग्रस्त मुखमण्डल? धीरे-धीरे उसकी प्रसन्नता तिरोहित होती जा रही है।"

इसी बीच मैं आ गयी। उन्हें निराश देखकर मैं अपनी चिन्ता को निगल गयी और लगी उन्हें समझाने–"तात! जम्बूदीप में आप जैसा पराक्रमी राजा कोई नहीं है। लोगों से सुना है कि छोटे-मोटे राजा आपके

सामने आने से घबराते हैं, पर अन्दर से आप इतने दुर्बल होंगे, इसका मुझे रंचमात्र आभास नहीं था। आप धैर्य धारण करें और परिस्थिति का सामना करने का प्रयास करें, इस तरह आँसू बहाने से काम नहीं चलेगा। फिर, आप उनके गृह-त्याग की सम्भावना से लड़ भी तो रहे हैं।''

"आगे क्या होता है, यह तो नहीं जानता, पर इतना अवश्य कहूँगा कि मैं अब टूट चुका हूँ। दुःख तो इस बात का है कि राजकुमार के भविष्य को लेकर न तो मैंने कभी सुख से भोजन किया और न ही कभी मैं सुख की नींद सोया।'' इतना कहकर उन्होंने जिस तरह दीर्घ निःश्वास ली, उससे मैं बुरी तरह से दहल गयी। उस घड़ी मैं इस भय से आक्रान्त हो उठी कि कहीं महाराज को न कुछ हो जाय।

उसी दिन सायंकाल की घटना है। आर्यपुत्र उद्विग्न होकर आये और लगे संसार के दुःखों पर चिन्ता व्यक्त करने–"यश, समझ में नहीं आता कि इस संसार को दुःखों से छुटकारा कैसे दिलवाया जाय? आश्चर्य तो इस बात का है कि जरा, व्याधि और मृत्यु से परिचित होने के बाद भी लोग इनसे त्राण पाने का प्रयास नहीं करते हैं। इन तीनों से उन्हें तनिक भी भय नहीं है।''

"आर्यपुत्र, आपके सामने तो कोई समस्या है नहीं, आप राजकुमार जो ठहरे। आपको तो इसका भी आभास नहीं होगा कि आपकी प्रसन्नता के लिए राजकोष का धन पानी की तरह बहाया जा रहा है। अन्य लोग आपकी तरह हैं नहीं तो, जो इस तरह की बातों पर अपनी ऊर्जा नष्ट करें। उन्हें तो जीवन की मूलभूत समस्याओं से रात-दिन जूझना पड़ता है। वैसे आप जिन लोगों के सुख-दुःख की चिन्ता कर रहे हैं, सम्भवतः वे आप से कहीं अधिक सुखी और प्रसन्न हैं। देव, सुख-सुविधाओं की अतिशयता में रहने वाले लोगों के मस्तिष्क में इसी तरह के विचार आते हैं।''

"तुम कहना क्या चाहती हो?''

"मेरा केवल इतना अनुरोध है कि आप अपनी चिन्ता की अग्नि में कपिलवस्तु की सुख-शान्ति को न झुलसने दें।''

"यश, तुम्हारी दृष्टि में मेरे ये विचार भले ही महत्त्व न रखते हों, पर मेरे लिए इनकी बड़ी अहमियत है।'' इतना कहकर वे वहाँ से उठ गये और मैं? मैं अपनी असफलता पर आँसू बहाती रही–'मनुष्य जो सोचता है, वह क्यों नहीं हो पाता है? उचित दिशा में हो रहे उसके प्रयास क्यों धराशायी हो जाते हैं? उसके संकल्पों का आधार क्यों खिसकने लगता

है?' इन प्रश्नों के उत्तर में मेरे अन्तःकरण से केवल इतना निकला–'जब आदमी हाथ-पाँव मारते-मारते हार जाय, तो उसे सब कुछ ऊपर वाले पर छोड़ देना चाहिए।'

गृह-त्याग के तीनों निमित्त-जरा, व्याधि एवं मृत्यु-दर्शन के पूरे हो जाने के बाद कपिलवस्तु के राजप्रासाद की सुख-शान्ति तिरोहित हो गयी। उसकी ग्रीवा पर आर्यपुत्र के गृह-त्याग की सम्भावना की लटकती तलवार अब स्पष्ट रूप से दिखाई देने लगी थी। राजपरिवार अपने इस भावी संकट से भयभीत हो उठा। महाराज का मुखमण्डल तो पहले से ही श्रीविहीन हो गया था, अब उस पर निराशा ने भी आधिपत्य जमा लिया। वे जी नहीं रहे थे, एक तरह से अपने शरीर को ढो रहे थे। प्रजापति गौतमी की दशा तो और दयनीय थी। वे अपने लिए नहीं, महाराज शुद्धोदन के लिए धैर्य धारण किये हुए थीं। लोगों की दृष्टि में राजपरिवार की इस घोर निराशा में यदि कहीं कोई आशा की किरण थी, तो वह मैं थी। उनकी अर्थभरी दृष्टि मुझ पर लगी हुई थी। फिर, मेरे ही पास कौन ऐसी अमोघ शक्ति थी, जिससे आर्यपुत्र के गृह-त्याग को रोककर लोगों को विस्मित कर देती। मैं भले ही उन्हें शान्त और सहज दिखाई दे रही थी, पर सच यह था कि मैं सबसे अधिक टूटी हुई थी। धीरे-धीरे मेरा दुःख गहराता ही जा रहा था।

इतने के बाद भी मैं आर्यपुत्र के विरक्तोन्मुख मन को सांसारिक मोह-माया में लिप्त करने का प्रयास करती रही, पर निराशा के अतिरिक्त कुछ हाथ नहीं लगा। उनका मन उचटा, तो उचटा ही रहा। अन्ततः इस निष्कर्ष पर पहुँची कि सच में अपना सोचा नहीं होता। फिर, यदि सब कुछ अपनी ही इच्छा के अनुसार हो जाता, तो यह संसार इतना दुःखी क्यों होता? हमारा जीवन अशान्त क्यों होता? फिर तो चारों ओर सुख-शान्ति का साम्राज्य न स्थापित हो जाता?

मैं भी कहाँ की बात लेकर बैठ गयी। अरे, जो कहना है, सीधे क्यों नहीं कह देती? हाँ, तो उस दिन मैं सज-सँवरकर बैठी हुई आर्यपुत्र के आने की प्रतीक्षा कर रही थी। बार-बार इच्छा हो रही थी कि उनके साथ बैठकर हास-परिहास करूँ। विवाह के बाद की कुछ ऐसी रोचक घटनाएँ थीं, जिन्हें सुनने-सुनाने में बड़ा आनन्द आता था, हँसते-हँसते पेट में बल पड़ जाते थे। वैसे भी इधर खुलकर कहाँ हँस पायी थी? जब देखिये तब आर्यपुत्र के मुख पर चिन्ता और तनाव अपना प्रभुत्व जमाये रहते थे। यह सब सोच ही रही थी कि वे आ गये।

"यश, आज मैं बहुत प्रसन्न हूँ। बहुत दिनों के बाद मुझे ऐसी प्रसन्नता मिली।"

"बधाई हो आर्यपुत्र! आपको संसार की दुर्लभ वस्तु मिल गयी है। इसके पूर्व आपके मुखमंडल पर ऐसी प्रसन्नता कभी नहीं दिखाई दी थी। ईश्वर करे, आपका मुखमंडल सदैव इसी तरह खिला रहे। आप प्रसन्न रहेंगे, तो यह राजपरिवार अपने आप प्रसन्न रहेगा।"

"मेरी प्रसन्नता का कारण नहीं जानना चाहोगी क्या?"

"अरे, यह तो मैं भूल ही गयी। फिर, भूल जाना स्वाभाविक भी तो है। आपकी प्रसन्नता के अतिरेक में मैं डूब-उतरा जो रही थी, उसे मैं अपनी प्रसन्नता जो समझ रही थी। अच्छा, विलम्ब न करें, इस अप्रत्याशित आह्लाद के रहस्य पर प्रकाश डालें।"

"उद्यान-भ्रमण के समय मैंने एक सन्यासी के दर्शन किये। यश! उसके मुखमंडल पर अद्भुत शान्ति थी। चिन्ता-अवसाद से वह परे था। लगता ही न था कि वह इस लोक का प्राणी है। उसके व्यक्तित्व से मैं इतना प्रभावित हुआ कि रथ से उतरकर स्वयं उसके निकट गया। जब परिचय पूछा, तो उसने बड़ी विनम्रता से कहा–'मैं प्रव्रजित हूँ, जन्म-मृत्यु से भयभीत मोक्ष की खोज में इतस्ततः भ्रमण कर रहा हूँ।'

"कहाँ रहते हैं? आपकी आजीविका क्या हैं? और आपके इस विरक्त जीवन का उद्देश्य क्या है?"

"रात किसी निर्जन स्थान में बिता लेता हूँ। भिक्षा-वृत्ति मेरी आजीविका है। मोक्ष की प्राप्ति मेरे जीवन का उद्देश्य है।" इतना कहकर वह आगे बढ़ गया।

"तो सन्यासी-दर्शन आपकी प्रसन्नता का कारण है?" मैंने साश्चर्य पूछा।

"हाँ, मेरी प्रसन्नता का कारण संन्यासी-दर्शन ही है। मैं उस व्यक्ति से अत्यधिक प्रभावित हूँ। तृष्णा, मोह-माया, राग-द्वेष अहंकार आदि से वह परे है। चिन्तन-मनन उसका व्यसन है। उसके निर्विकार मुखमंडल को देखकर मेरे मन में आया कि काश! मैं भी संन्यासी होता। मोह-माया से मुक्त होकर न केवल अपने लिए, अपितु संसार के सभी प्राणियों के लिए जीता।"

"आर्यपुत्र! मात्र संन्यास-व्रत धारण कर लेने से ही आपके इस पुनीत उद्देश्य की प्राप्ति नहीं हो जायेगी। आप लोगों को दुःखों से छुटकारा

दिलवाना चाहते हैं न? यह शुभ कार्य तो आप कपिलवस्तु के राजकुमार के रूप में और अच्छी तरह से कर सकते हैं।''

''वह कैसे?''

''एक दिन आप ही कह रहे थे न–'कपिलवस्तु की प्रजा दुःख-द्रारिद्र्य से पीड़ित है। लोगों के पास क्षुधापूर्ति के लिए न तो अपेक्षित अन्न है और न ही तन ढकने के लिए वस्त्र। देव, आप चाहेंगे तो उन्हें दरिद्रता से मुक्ति मिल जायेगी। उनके लिए इससे बड़ा मोक्ष और क्या हो सकता है?''

''यह सच है। मैं कपिलवस्तु में रहकर दीन-हीनों के लिए बहुत कुछ कर सकता हूँ, क्योंकि उनके जीवन-स्तर को सुधारने के लिए मेरे सामने संसाधनों का अभाव नहीं आयेगा। इसके लिए महाराज की उदारता खुलकर मेरा साथ देगी। मेरी प्रसन्नता के लिए वे अपना सर्वस्व न्यौछावर कर देंगे। पर...।''

''पर क्या? आपकी ये रहस्यमय बातें मेरी समझ में नहीं आतीं। कभी आप कपिलवस्तु के उन दीन-हीनों के लिए चिन्तित होते हैं, जिनके भाग्य में दरिद्रता के अतिरिक्त और कुछ नहीं है और तब आप राज-व्यवस्था की शोषण एवं दमन नीति को उत्तरदायी ठहराते हैं, पर जब समस्याओं के निराकरण की बात आती है, तो दर्शन के सागर में डुबकी लगाने लगते हैं। सच तो यह है कि आप जो करने में सक्षम हैं, उस पर गम्भीरतापूर्वक सोचते ही नहीं और जो अप्राप्य है, उसकी ओर आपका मन-तुरंग दौड़ पड़ता है।''

''यश, मेरी बातें रहस्यमय नहीं हैं। मैं चाहता हूँ कि कोई ऐसा उपाय खोजूँ, जिससे संसार के प्राणी जरा, व्याधि और मृत्यु से निवृत्ति पा जायँ। जब से मैंने उस संन्यासी के दर्शन किये हैं, तब से मेरे मन में यह बात घर कर गयी है कि बिना गृह-त्याग किये इन समस्याओं का सामाधान नहीं निकाला जा सकता और यह जान लो, लोक-कल्याण के लिए आज नहीं, तो कल मुझे इस भव-जाल से निकलना ही होगा।''

जरा, व्याधि और मृत्यु जैसे शब्दों को सुनते-सुनते मेरे कान पक गये थे, फलतः मैं झुँझला उठी–''आर्यपुत्र, आपकी यह सोच मेरी समझ के बाहर है। आप यह क्यों नहीं सोचते कि जब तक यह सृष्टि है, तब तक जरा, व्याधि और मृत्यु अस्तित्व में रहेंगे। यदि ये नहीं हैं, तो यह सृष्टि भी नहीं होगी। इसके अतिरिक्त आप बार-बार जो यह कहते हैं कि मनुष्य यह जानते हुए भी कि एक न एक दिन वह इन तीनों दुःखों की चपेट में

अवश्य आयेगा, इसके लिए वह पहले से कोई उपाय क्यों नहीं करता, तो देव, यह आपकी ही नहीं, हर समझदार व्यक्ति की सोच है। अच्छे कर्म कौन नहीं करना चाहता? बुरे कर्मों से हर व्यक्ति विरत रहना चाहता है, पर चाहकर भी वह उनसे क्यों नहीं विरत हो पाता? इसलिए विरत नहीं हो पाता कि शुभ-अशुभ जीवन के अभिन्न अंग हैं। जहाँ सुख-शान्ति होगी, वहाँ दुःख की अभिशप्त छाया अवश्य रहेगी। इसी तरह जहाँ अच्छाइयाँ हैं, वहाँ बुराइयाँ भी होंगी। मेरी समझ में नहीं आता कि आपकी दुःख-निवृत्ति की दृष्टि किस आधार पर आधृत है। कहीं यह कोरी कल्पना की भित्ति पर तो नहीं टिकी है? क्योंकि आप प्रायः व्यावहारिक धरातल से हटकर सोचते हैं। जब देखिये तब संसार के दुःख को लेकर राजपरिवार को दुःखी कर देते हैं। यह संसार कर्मक्षेत्र है, इसकी नींव कर्म पर टिकी है। हमारे मनीषियों ने पलायन को कभी नहीं महत्त्व दिया। अतः आपसे मेरा अनुरोध है कि विरक्ति के स्थान पर प्रवृत्ति को महत्त्व दें और प्रवृत्ति मार्ग से ही समाधान निकालें।"

उस समय उनका चुपचाप सुनना और प्रतिक्रिया में एक भी शब्द न बोलना मुझे खल गया। या तो वे उत्तर न देकर विवाद से बचना चाहते थे या मेरी बात उनके लिए कोई अर्थ नहीं रखती थी। कुछ देर तक तो वे अन्यमनस्क भाव से बैठे रहे, फिर उठकर टहलने लगे। इस तरह बिना कुछ बोले चुपचाप उनके उठ जाने से मेरी झुँझलाहट बढ़ गयी। फलतः मैं भी वहाँ से उठकर अपने शयन-कक्ष में चली आयी।

लोग कहते हैं, डूबते हुए को तिनके का भी सहारा बहुत होता है। कुछ सीमा तक यह सच भी है क्योंकि सन्यासी-दर्शन के बाद आर्यपुत्र की अप्रत्याशित प्रसन्नता को देखकर राजप्रासाद आह्लादित हो उठा था। उस समय लोग असित मुनि की भविष्यवाणी को भी मिथ्या समझने लगे थे। और तो और, जिस महाराज शुद्धोदन को मैंने कभी सहज और शान्तचित्त देखा ही नहीं, अब उनका भी मुखमण्डल खिला-खिला दिखाई देने लगा था। माँ की ममता देखिए, अम्ब प्रजापति गौतमी की प्रसन्नता जब नहीं समा पायी, तो भागी-भागी मेरे पास आयीं और लगीं अपने उद्‌गार व्यक्त करने–"देख रही हो बेटी, आज सिद्धार्थ कितना प्रसन्न है! लगता है, अब हम लोगों की शुभकामनाएँ फलीभूत हो जायेंगी।" इतना कहते-कहते उनकी आँखों में आनन्द के आँसू उमड़ आये।

सोलह

"आर्यपुत्र, आज आप कुछ गम्भीर दिखाई दे रहे हैं, क्या बात है?"

"यश, मुझे ऐसा प्रतीत होता है कि भ्रम में जीना मनुष्य का स्वभाव है।"

"यह तो अच्छी बात है। यदि ऐसा न होता, तो हमारा जीवन बोझिल हो जाता। 'भविष्य की चिन्ता में ही हम अपनी सुख-शान्ति को तिलांजलि देते रहते।"

"मैं जिस सन्दर्भ में बात कर रहा हूँ, सम्भवतः उसे तुम नहीं समझ पा रही हो।"

"तो आप अपने मन्तव्य को स्पष्ट करें न?"

"मुझे मनुष्य की निश्चिन्तता को लेकर आश्चर्य है। समझ में नहीं आता कि वह अपने भविष्य के बारे में क्यों इतना निश्चित है? लगता है, वह जरा, व्याधि और मृत्यु से अपने को पृथक् मानता है।"

"आप भी कहाँ की बात करते हैं? यह जीवन भविष्य को लेकर चिन्ता करने के लिए नहीं, भरपूर जीने के लिए मिला है। जरा, व्याधि और मृत्यु जब आयेंगे तो देखा जायेगा। वैसे भी दुःख जब आता है, तो व्यक्ति उसे झेलता है, आने वाला कल उसके लिए कैसा होगा, यह कोई नहीं जानता। इसीलिए तो निश्चिन्तता का जीवन सबसे अच्छा माना गया है।"

"देखो यश, मनुष्य अपने दुःख का स्वयं उत्तरदायी है। यदि भविष्य के प्रति वह समय से जागरूक हो जाय, तो आने वाले अनेक दुःखों से वह बच सकता है। यह तो उसका प्रमाद है, जो वह इतने निश्चिन्त भाव से जी रहा है। उसके क्रिया-कलापों से यह प्रतीत होता है कि उसने अपने को अमर समझ रखा है।"

"आर्यपुत्र! आप कपिलवस्तु जैसे महान राज्य के राजकुमार हैं, आपको अपना जीवन हर तरह से सुरक्षित दिखाई दे रहा है और है भी, इसलिए आपके मस्तिष्क में इस तरह की बातें आ रही हैं, पर साधारण लोगों के सामने जीवन की मूलभूत आवश्यकताओं को पूरी करने की समस्या है। दूर न जाइये, अपने ही राज्य में देख लें, न जाने कितने ऐसे लोग हैं, जो हर दिन कुआँ खोदते हैं, हर दिन पानी पीते हैं। भविष्य में क्या होगा, इस दिशा में सोचने का उनके पास अवकाश ही नहीं है। वे वर्तमान को जीते हैं, चाहे वह प्रतिकूल हो या अनुकूल। अच्छा, अब मैं अम्ब प्रजापति गौतमी के पास जा रही हूँ। चाहें तो चलें, और यदि इच्छा न हो, तो प्रकृति के इस अनुपम सौन्दर्य का आनन्द लें।"

"ठीक है, तुम जाओ। मैं कुछ समय तक एकान्त-सेवन करना चाहता हूँ।"

वहाँ से आने के बाद मैं प्रजापति गौतमी के पास नहीं गयी। फिर जाती भी कैसे? आर्यपुत्र ने अपनी चिन्ता से मेरे मन को बोझिल जो कर दिया था। शयन कक्ष में आकर लगी सोचने–'इनको समझ पाना कठिन ही नहीं, असम्भव भी है। वर्तमान में तो ये जीते ही नहीं, रात-दिन भविष्य की चिन्ता में डूबे रहते हैं। इन्हें कौन समझाये कि भविष्य को लेकर इस तरह उद्विग्न होना जीवन को दूभर बनाना है। इन्हें लेकर तो महाराज वैसे ही चिन्तित रहते हैं, ऊपर से इनके खिन्न मन को देखकर वे भयाक्रान्त भी हो जाते हैं। मैं तो समझाते-समझाते हार गयी। विडम्बना तो इस बात की है कि इनके साथ रहते मुझे इतने दिन हो गये, कभी तो इनके मुखमंडल पर प्रसन्नता दिखी होती! चिन्ता और उदासी इनकी सहचरी-सी हो गयी हैं। समझ में नही आता कि ये संसार को कौन-सा अमृत प्रदान करना चाहते हैं। उसके ऊपर न जाने कौन-सी जादू की छड़ी चला देना चाहते हैं, जिससे वह सारे दुःखों से मुक्त हो जाय।

इस धरती पर एक से एक मनीषी आये और उन्होंने अपनी अमृत वाणी से लोगों के दुःख-संतप्त मन को शीतलता प्रदान की, उन्हें सन्मार्ग पर चलने की प्रेरणा दी, पर इस संसार के ऊपर से दुःख की छाया नहीं गयी। मनीषियों के उपदेश अपनी जगह और मनुष्य के जीने का ढंग अपनी जगह। जैसे श्मशान में जब तक मनुष्य रहता है, तब तक उसे संसार की असारता और मृत्यु की अनिवार्यता का आभास होता रहता है, पर वहाँ से आने के बाद वह पुनः अपने भ्रम-जाल में फँसकर शुभ-अशुभ कार्यों में लिप्त हो जाता है।'

सत्रह

उनके गृह-त्याग के पूर्व अपने दाम्पत्य-जीवन के अनुभवों से मैं इस निष्कर्ष पर पहुँच चुकी थी कि लाख प्रयास के बाद भी आर्य पुत्र की विरक्त मनोवृत्ति में लेशमात्र परिवर्तन नहीं लाया जा सकता। मैंने उन्हें समझने की अनेकविध चेष्टा की, पर कहाँ उनकी थाह लगा पायी। उन्हें प्रसन्न रखने का मेरा हर प्रयास असफल रहा। उन्हें अपेक्षा से अधिक गम्भीर देखकर कभी-कभी मैं झुँझला भी जाती थी और कुछ क्षणोपरान्त जब संयत होती, तो उनसे जीवन को सहज ढंग से जीने के लिए अनुरोध करती, पर मेरे अनुरोध का उनके ऊपर कोई प्रभाव नहीं पड़ता था।

एक बार तो आर्य पुत्र को केन्द्र में रखकर मैं पुरुष-जाति की आलोचना भी कर बैठी, जो मुझे नहीं करनी चाहिए थी–"आर्यपुत्र, पुरुष जाति को समझ पाना बड़ा कठिन है। देखने में वह भले ही सरल हो, उसके मुख से शब्दों के स्थान पर फूल ही क्यों न झड़ते हों, पर अन्दर से वह इतना निर्मम है कि उसकी कल्पना नहीं की जा सकती। नारी के प्रति तो उसकी दृष्टि कभी स्वस्थ रही ही नहीं। वह जब उसे देवी, शक्तिदायिनी, प्रेरणा-स्रोत आदि विशेषणों से अलंकृत करे, तो समझ लेना चाहिए कि वह अपने स्वार्थ की पूर्ति के लिए प्रशंसा का पुल बाँध रहा है और जैसे ही उसका स्वार्थ पूरा हुआ, उसके प्रति उसका उपेक्षाभाव फुफकार उठता है।"

इसके बाद तो वे झेंप गये न! मुस्कराने का असफल प्रयास करते हुए बोले–"यश, तुम्हारा प्रहार जिस दिशा में हो रहा है, उसे मैं अच्छी तरह समझ रहा हूँ। सच में तुम्हारे लिए मैं एक अनबूझ पहेली हूँ। मुझे प्रसन्न रखने के निमित्त तुम्हारे प्रयास जो असफल हो रहे हैं, उसके मूल

में मेरी विरागोन्मुख मनोवृत्ति है। सच कहूँ तो इस संसार के प्रति मेरी अरुचि अब बढ़ती जा रही है। यहाँ के भोग-विलास, सुख-वैभव एवं आमोद-प्रमोद मुझे रास नहीं आ रहे हैं। इच्छा होती है कि किसी ऐसे स्थान पर चला जाऊँ, जहाँ दुःख का अस्तित्व न हो। तुम समझती हो कि मुझे लेकर राजप्रासाद जो चिन्ता के सागर में डूबा हुआ है, इसके लिए मुझे ग्लानि नहीं है? ऐसा नहीं है यश, इसके लिए मैं निरन्तर अपने को कोसता रहता हूँ, फिर भी तुम लोगों के अनुकूल अपने को नहीं ढाल पा रहा हूँ।''

अपनी व्यथा व्यक्त करने के बाद उन्होंने जिस निरीह दृष्टि से मुझे देखा, उससे मेरी आँखें सजल हो गयीं। उस समय मुझे अपने पर बड़ा क्रोध आया–'क्या पड़ी थी मुझे, जो मैंने अपने इस बोझिल भाषण से उन्हें खिन्न कर दिया।' पर इतने के बाद भी मेरे भीतर हलचल मची हुई थी, जो मुखर होने के लिए छटपटा रही थी।

कुछ देर तक हम दोनों के बीच ऐसा सन्नाटा छाया रहा जैसे हम दोनों एक दूसरे से रूठकर बैठे हों। यहाँ तक कि हम एक दूसरे की ओर देख भी नहीं रहे थे। उनकी अन्यमनस्कता देखकर मैं अधीर हो उठी। फलत; मैंने उनसे विनम्र स्वर में कहा–''आर्यपुत्र, आपके मन में बार-बार जो कहीं चले जाने की बात आती है, यह मुझे दुःखी कर देती है। अतः आप से अनुरोध है कि इस तरह की प्रवृत्ति को आप अपने भीतर न पनपने दें। इस संसार में हम आये हैं तो कुछ करने के लिए न कि इसके दुःखों से भयभीत होकर भाग खड़े होने के लिए। देखिए, प्रकृति अपना कार्य कितने नियमित रूप से करती है। पृथ्वी, सूर्य, चन्द्र, तारे गण आदि यदि अपने कार्य से ऊबकर भागने लगें, तो सृष्टि की गति ही रुक जायेगी और तब चारों ओर त्राहि-त्राहि मच जायेगी। आप ही बताइये, सूर्य और चन्द्र, ग्रहण के शिकार नहीं होते? अपने उस दुःख को झेलकर पुनः संसार को नया जीवन देने में वे प्रवृत्त नहीं हो जाते हैं? घने बादल आकाश को आच्छादित कर लेते हैं, पर बादलों के छट जाने के बाद वही आकाश पुनः इस संसार को अपनी शीतल छाया से तृप्त कर देता है। और तो और, आँधी, तूफान अतिवृष्टि, अनावृष्टि भूकम्प आदि हमारी प्राकृतिक सम्पदा को कितनी क्षति पहुँचाते हैं, पर कभी जंगल, पहाड़ एवं इन पर रहने वाले जीव हार मानते हैं? सब सहन कर जाते हैं और पुनः नवजीवन पाने के लिए प्रयासरत हो जाते हैं। मेरे कहने का तात्पर्य यह है कि हमारी निराशा हमें पलायन की

ओर ले जाती है। हमारे जीने के उत्साह को आहत करती है। इसलिए हमें इस अस्वस्थ प्रवृत्ति से बचना चाहिए।''

''यश, इस संसार को दुःखों से निवृत्ति दिलवाने का उपाय खोजने के लिए यदि व्यक्ति को अपने सर्वस्व का भी त्याग करना पड़े, तो उसे संकोच नहीं करना चाहिए, सहर्ष कर देना चाहिए क्योंकि बिना त्याग के महान कार्य नहीं होते। इतिहास उठाकर देख लो, हमारे जितने भी महान पुरुष हुए हैं, उन्होंने लोक-कल्याण के मार्ग में स्वार्थ-प्रवृत्ति को नहीं आने दिया और तभी वे लोक-कल्याण कर भी पाये। यह अच्छी तरह जान लो, जब तक हम स्वार्थ और मोहमाया के दलदल में फँसे रहेंगे, तब तक हम लोकहित की भावना से दूर रहेंगे। वैसे भी मात्र अपने लिए जीना भी कोई जीना है। यह तो पशु-प्रवृत्ति है। इसलिए मेरे त्याग के पुनीत विचार को पलायनवादी सोच कहकर उसका अपमान न करो।''

''आर्यपुत्र, यदि मुझसे धृष्टता हुई हो, तो मैं क्षमा चाहती हूँ।''

''क्षमा माँगने की आवश्यकता नहीं है, पर तुमसे मुझे इतनी अपेक्षा अवश्य रहती है कि तुम मुझे और मेरे विचारों को समझने का प्रयास करो।'' इतना कहकर वे वहाँ से उठ गये।

अठारह

वस्तुतः उन दिनों मैं भीतर से अशान्त होकर भी महाराज के सामने शान्तचित्त रहने का दिखावा कर रही थी जबकि महाराज की चिन्ता से कहीं अधिक मेरी अपनी चिन्ता थी। हाँ, इतना अवश्य कह सकती हूँ कि हम दोनों राजकुमार के भाग्य को नये सिरे से लिखने का प्रयास कर रहे थे। फिर प्रयास करने के अतिरिक्त और कुछ हम कर भी तो नहीं सकते थे।

वैसे तो मेरा संकल्प शुरू से ही दृढ़ रहा। जो चाह लेती थी, उसे पूरा किये बिना साँस नहीं लेती थी और उसी दृढ़ संकल्प के साथ मैं यहाँ आयी भी थी। लेकिन आने के कुछ दिन बाद ही मैंने यह अनुभव किया कि अभी तक भले ही मैं अपने प्रयास में थोड़ा-बहुत सफल होती रही, पर भविष्य में मुझे पराजय का ही मुँह देखना पड़ेगा।

अभी मेरे विचारों का मंथन चल ही रहा था कि मेरी मुँहलगी परिचारिका आ गयी–"स्वामिनी, आज मैं पहली बार आपको उदास देख रही हूँ?"

"तुम ठीक कहती हो, न जाने क्यों आज मुझे कुछ रास नहीं आ रहा है। मन बड़ा उद्विग्न है, फिर, उद्विग्न क्यों न हो? यहाँ आने के बाद सब कुछ अपनी सोच के विपरीत जो देख रही हूँ। राजप्रासाद के लोगों का ध्यान राजकुमार की प्रसन्नता के ताने-बाने बुनने में ही लगा रहता है। लगता है, इसके अतिरिक्त उनके लिए और कोई कार्य रह ही नहीं गया है।"

"देवि, कहना तो नहीं चाहिए, पर जब प्रसंग छिड़ ही गया है, तो कह देना आवश्यक समझती हूँ। राजकुमार जिस घड़ी धरती पर आये, उसी घड़ी से कपिलवस्तु की प्रसन्नता को न जाने किस राहु ने ग्रस लिया,

जिससे वह मुक्त नहीं हो पा रहा है। उनके जन्म लेने के बाद ज्योतिषियों और असितमुनि ने जिस तरह की भविष्यवाणी की, उससे महाराज बुरी तरह से हिल गये। अभी वे अपने को सँभाल भी नहीं पाये थे कि राजकुमार के जन्म के सातवें दिन महारानी महामाया दिवंगत हो गयीं। यद्यपि नवजात शिशु को देखकर उन्होंने पत्नी-वियोग को परे कर दिया और भविष्यवाणियों को मिथ्या सिद्ध करने के प्रयास में इस तरह व्यस्त हो गये कि टूट नहीं पाये, फिर भी उनका मन अशान्त का अशान्त ही रहा। आज भी जब वे एकान्त में होते हैं, तो उनका मुखमण्डल बुझा-बुझा रहता है।"

मैंने अपनी चिन्ता इन शब्दों में व्यक्त की–"रोना तो इसी बात का है। इस वृद्धावस्था में महाराज को जिस तरह तनावों के बीच जीना पड़ रहा है, उसे देखकर कभी-कभी मैं स्वयं भयभीत हो जाती हूँ और सोचने लगती हूँ कि कपिलवस्तु का भविष्य अन्धकारमय ही रहेगा है क्या? जो भी हो, महाराज को तो येन केन प्रकारेण सँभालना ही होगा।"

"मुझे विश्वास है कि आपका यह प्रयास महाराज को टूटने से बचा लेगा।" इतना कहकर वह प्रजापति गौतमी के पास चली गयी।

उसके जाने के बाद मेरे सामने बार-बार यह प्रश्न उठ खड़ा होता था कि महाराज को सँभालूँ कि अपने को? वे तो कभी-कभी इतना अधिक निराश हो जाते थे कि पूछिये मत। राजकुमार का प्रसंग आते ही उनकी सहजता तिरोहित हो जाती और आँखें भर आती थीं, मुझसे कहते–'जैसे भी हो, राजकुमार को भोग-विलास और मोह-माया में उलझाये रहो।'

सच कहूँ तो आर्यपुत्र के गृह-त्याग की आशंका रात-दिन मुझे डसती रहती थी और मैं बुरी तरह से व्यथित हो जाती थी।

गृह-त्याग के पूर्व की घटना है। मैं आर्यपुत्र से सोने का अनुरोध करके स्वयं निद्रा की गोद में जाने का प्रयास करने लगी, पर नींद कहाँ? वह तो मुझसे कोसों दूर थी। आर्यपुत्र के उचटे मन को लेकर मैं रह-रहकर चिन्तित हो जाती थी। चिन्तित होना स्वाभाविक भी था, क्योंकि धीरे-धीरे उनसे उनकी प्रसन्नता दूर होती जा रही थी। वे वर्तमान में रहकर भी नहीं रहते थे। उनका मन न जाने किस लोक में विचरण करता रहता था।

इस तरह सोचते-सोचते मुझे कब नींद आ गयी, पता ही न चला। उस रात मैंने जो स्वप्न देखा, वह इस प्रकार था–'मैं उनके पार्श्व में सोयी हुई हूँ। वे अपनी कोमल उँगलियों से मेरे बालों को छेड़ रहे हैं, धीरे-धीरे उनके सुखद स्पर्श ने मुझे नींद में ला दिया। आँखें जब खुलीं, तो देखा कि

आर्यपुत्र अपनी शय्या पर नहीं हैं। मैं लगी उन्हें खोजने। चारों ओर दृष्टि दौड़ाने के बाद भी जब वे नहीं दिखाई दिये, तो मैं 'आर्यपुत्र', 'आर्यपुत्र' कहकर चिल्लाने लगी, इससे उनकी नींद टूट गयी।'

"यश! क्या हुआ?"

"बाप रे बाप, कितना भयानक स्वप्न देख रही थी मैं!"

"क्या देखा, जिससे इतनी भयभीत हो गयी हो? तुम्हारा तो पूरा शरीर काँप रहा है।"

"आप हैं न मेरे पास?" कहकर मैं उन्हें इस तरह देखने लगी जैसे वे मेरे पास हों ही न।

"अरे, मैं तुमसे बात कर रहा हूँ और तुम मेरी हथेली को अपनी हथेलियों से दबाकर पकड़ी भी हो, फिर भी तुम्हें मेरे होने में सन्देह हो रहा है? पहले अपने को संयत करो।"

"सपने में मैं देख रही थी कि आप मुझे सोती हुई छोड़कर चले गये और आपके सारे अलंकार शय्या पर बिखरे पड़े हैं। ऐसा भयानक सपना मैंने कभी नहीं देखा था। आप मुझे छोड़कर चले तो नहीं जायेंगे? यदि कभी ऐसा हुआ, तो यह जान लीजिए, मैं प्राण दे दूँगी।"

"यश, कैसी बातें करती हो? इस तरह की अशुभ बातें मुँह से नहीं निकालनी चाहिए। फिर, किसी के रहने न रहने से संसार की गति थोड़े ही रुक जाती है। संयोग-वियोग तो लगे ही रहते हैं। इस अनित्य संसार में सदा एक जैसी स्थिति बनी रहने की कल्पना भी नहीं करनी चाहिए। मनुष्य वही है, जो परिस्थितियों के अनुकूल अपने को ढालता चले।"

"यहाँ मेरे प्राण सूख रहे हैं और आपको दर्शन सूझा है।"

"अभी तक तो तुम मुझे कोमल हृदय कहती थी, पर देख रहा हूँ कि तुम जैसी कोमल हृदय वाली तो संसार में खोजने पर भी नहीं मिलेगी। स्वप्न की बातों से कहीं इस तरह अस्थिर हुआ जाता है? सोने के पूर्व हम दोनों के बीच जो चर्चा हुई थीं, उसी को तुमने स्वप्न में देखा होगा।"

यद्यपि उस समय उन्होंने मेरी उद्विग्नता को दूर करने की पूरी चेष्टा की, पर मेरा मन कहाँ शान्त हो पाया? स्वप्न की वह घटना रह-रहकर मेरे हृदय को सालती रही।

उन्नीस

मनुष्य जिस भयावह यथार्थ का सामना करने से भागता रहता है, वह उसका पीछा कहाँ छोड़ता है? एक न एक दिन वह उसे अपनी चपेट में ले ही लेता है। कपिलवस्तु के राजपरिवार के साथ यही हुआ न! अभी तक जहाँ सन्यासी-दर्शन से आर्यपुत्र के खिले मुखमण्डल को देखकर राजपरिवार आह्लादित हो रहा था, वहीं उनके गृह-त्याग की सूचना ने उसकी तात्कालिक प्रसन्नता को आँसुओं में डुबो दिया। हुआ यह कि प्रतिदिन की भाँति उस रात भी मैं राहुल को आँचल में दुबकाये सोने का प्रयास कर रही थी, पर आँखों में नींद कहाँ? मुझे तो आर्यपुत्र का सम्भावित गृह-त्याग और उसके बाद के राजप्रासाद का भविष्य व्यथित किये हुए था। शय्या पर आर्यपुत्र भी थे, उनसे भी निद्रा देवी रूठी हुई थीं। हाँ, मेरी नींद में व्यवधान न पड़े, इसके लिए वे सोने का अभिनय अवश्य कर रहे थे। उनके नेत्रों के सामने तो वह संन्यासी था, जिसके मुखमण्डल पर उन्हें एक अपूर्व शान्ति दिखाई दी थी और जो उनकी दृष्टि में संसार का सबसे सुखी प्राणी था।

इसी बीच निद्रा देवी की कृपा हुई और मैं उनकी गोद में चली गयी। आर्यपुत्र रात में कब और कैसे शय्या से उठकर चले गये, इसकी मुझे भनक तक न लगी। आखिर वे उठे होंगे, वस्त्र एवं आभूषण धारण किये होंगे, छन्दक को जगाकर अश्व को सुसज्जित करके ले आने के लिए आदेश दिये होंगे और कड़े पहरे के बीच मुख्य द्वार पार करके निकले होंगे, इतनी घटनाएँ घटीं और राजप्रासाद को इनका आभास तक नहीं होने पाया, इसे चमत्कार नहीं तो और क्या कहेंगे? वह तो अचानक मेरी

नींद खुली और जब देखा कि वे शय्या पर नहीं हैं, तो उनके गृह-त्याग से सम्बन्धित मेरी आशंका ने उन्हें खोजने के लिए मुझे विवश कर दिया। इधर-उधर देखने के बाद प्रासाद के उद्यान में भी दृष्टि दौड़ाई, पर जब वे वहाँ हों, तब तो मिलें।

तदनन्तर मेरे धैर्य का बाँध टूट गया। मेरे करुण क्रन्दन ने राजप्रासाद को अशान्त हतप्रभ कर दिया। महाराज की क्रुद्ध मुद्रा को देखकर लोग भयभीत हो गये। परिचारक, परिचारिकाएँ, प्रहरी, जो भी सामने पड़ते, अकारण उनका कोपभाजन होते। गृह-त्याग की पुष्टि तो उस समय हुई, जब उनका सारथी छन्दक और अश्व कंथक, दोनों नहीं दिखाई दिये।

उस समय किसी भी व्यक्ति में इतना साहस नहीं था कि वह राजपरिवार को ढाढ़स दे सके। फिर, ढाढ़स देता भी कैसे? सभी तो दुःखी थे।

अभी तक मैं कभी महाराज को तो कभी अम्ब प्रजापति गौतमी को समझा-बुझाकर टूटने से बचाती रही, पर उस घड़ी स्वयं मेरे धैर्य ने मेरा साथ छोड़ दिया। मेरे आँसुओं में राजमहल डूब गया। अम्ब प्रजापति गौतमी अपने दुःख को एक ओर करके मुझे लगी सान्त्वना देने–"बेटी, उसने तुम्हें ही नहीं, पूरे राजपरिवार को दुःख-सन्तप्त किया है। विडम्बना तो इस बात की है कि जब से वह इस धरती पर आया, राजप्रासाद की सुख-शान्ति को एक तरह से ग्रह लग गया। उसके विषय में क्या कहूँ, जब वह मेरा नहीं हुआ, जिसने अपना दूध पिलाकर उसे पाला-पोसा, तो तुम्हारा क्या होगा। मैंने उसे अपने पुत्र से बढ़कर स्नेह दिया और उसके लिए अपना सर्वस्व न्यौछावर कर दिया, पर जाने के पहले उसे मेरे ऊपर भी दया नहीं आयी। लेकिन तुम चिन्ता न करो, मैं तुम्हारी सास ही नहीं, माँ भी हूँ। मेरे जीते जी तुम्हारे ऊपर दुःख की एक क्षीण छाया भी नहीं पड़ने पायेगी।" इतना कहते-कहते उनके स्वयं के धैर्य का बाँध टूट गया और मुझे आलिंगन में लेकर लगी सिसक-सिसक कर रोने।

मैं अपने मन का पाप कहूँ, उस घड़ी आर्यपुत्र के प्रति मेरी तनिक भी सहानुभूति नहीं थी। एक आक्रोश भीतर ही भीतर मुझे मथता जा रहा था। उस समय उनके महान उद्देश्य की ओर भी मेरा ध्यान नहीं जा रहा था। अन्तःकरण से एक ही स्वर निकलता–'जब आपको गृह-त्याग ही करना था, तो मुझसे विवाह करके आपने मेरे जीवन को दूभर क्यों किया? मेरे तो मेरे, आप अपने पुत्र राहुल के भी नहीं हुए। इस अबोध ने आपका क्या

बिगाड़ा था, जो उसे अनाथ करके चले गये। जरा, व्याधि एवं मृत्यु आपके लिए महत्वपूर्ण हो सकते हैं, मेरे लिए नहीं। ये तो अनिवारणीय हैं। इन्हें लेकर मन को अस्थिर करना प्रकृति के नियमों का उल्लंघन करना है। यह जान लीजिए, इन तीनों से संसार को मुक्ति दिलाने का आपका प्रयास रेत से तेल निकालना जैसा होगा।'

बीस

अभी कपिलवस्तु के लोग राजप्रासाद के दुःख के उफान को अपनी सहानुभूति के छीटों से शान्त कर ही रहे थे कि छन्दक अकेले आता दिखाई दिया। फिर तो राजप्रासाद का परिसर आँसुओं में डूब गया न! कौन ऐसा व्यक्ति था, जिसकी आँखों में आँसू न उमड़ आये हों।

"बता, मेरे पुत्र को कहाँ छोड़ आया?" महाराज क्रोध में बोले।

"देव, राजकुमार के गृह-त्याग के समय आप लोगों को उसकी सूचना न दे सका, इसके लिए मैं दोषी हूँ, दण्ड दीजिए।"

"कौन ऐसी विवशता थी, जिसके चलते तुमने ऐसी धृष्टता की?"

"क्या करूँ महाराज, उस समय मेरी मति जो मारी गयी थी। राजकुमार ने जो-जो आदेश दिये, न चाहते हुए भी उनका पालन करता गया।"

"सम्प्रति वह कहाँ है?"

"इस समय वे कहाँ हैं, यह तो मैं भी नहीं जानता, पर जब उन्होंने मुझे कपिलवस्तु लौटने के लिए बाध्य किया था, तब वे अनोमा नदी के दूसरे तट पर थे। हुआ यह कि अनोमा नदी पार करने के उपरान्त वे कंथक की पीठ से उतर गये। कुछ देर तक तो वे नदी और उसके चारों ओर के दृश्यों को निहारते रहे। तदनन्तर उन्होंने एक चीवरधारी बहेलिए को अपने राजसी वस्त्र देकर उसके चीवर को स्वयं धारण कर लिया। इतना ही नहीं उन्होंने खड्ग से अपने केश को काटकर आकाश में उड़ा दिया। मैं कुछ निवेदन करूँ कि वे अपने आभूषणों को देते हुए बोले–'इन्हें लेकर कंथक के साथ कपिलवस्तु लौट जाओ और मेरे परिजनों को मेरा यह सन्देश

देना न भूलना–'जब तक मैं जन्म-मरण का नाश करने वाली बोधि को नहीं प्राप्त कर लेता, तब तक कपिलवस्तु में अपना मुँह नहीं दिखाऊँगा। और हाँ, यदि मैं अपने इस प्रयास में सफल न हुआ, तो मृत्यु को भी गले लगाने से नहीं हिचकूँगा।' इतना कहते-कहते उसका कण्ठ अवरुद्ध हो गया।''

इसके बाद तो पूरा राजप्रासाद सहम गया न! अभी तक तो यह था कि राजकुमार ने गृह-त्याग किया है, तो कभी न कभी लौटेंगे ही, पर उनके सन्देश के अन्तिम वाक्य ने उस सम्भावना पर भी पानी फेर दिया। मेरी दशा तो ऐसी हो गयी, जैसे किसी ने मेरे शरीर से बलात् प्राण निकाल लिये हों। आँखों के सामने अँधेरा छा गया। आहत मन इन भयावह आशंकाओं के चक्रव्यूह में फँस गया–'यदि आर्यपुत्र दुःख-निवृत्ति का मार्ग न खोज पाये, तो सच में वे मृत्यु को गले लगा लेंगे? यदि ऐसा हुआ, तो मैं राहुल को लेकर कहाँ जाऊँगी? उनके वृद्ध पिताजी किस सहारे जीवित रहेंगे? अम्ब प्रजापति गौतमी तो पहले ही टूट चुकी हैं, कहीं वे जीवन से भी न हाथ धो बैठें। आर्यपुत्र की इस विरागोन्मुखता से तो मैं परिचित थी, पर वे इस स्तर तक उतरने की सोच सकते हैं, इसका अनुमान भी मेरी कल्पना के बाहर था। जब वे संसार के दुःखों से इस तरह अस्थिर हो जायेंगे, तो संसार का कल्याण कैसे करेंगे? इसी बल पर उन्होंने लोगों को दुःखों से मुक्ति दिलाने का बीड़ा उठाया है'?

अम्ब प्रजापति गौतमी तो छन्दक पर ऐसे टूट पड़ीं जैसे उनके पुत्र को वह बलात् छोड़ आया हो। लगता था, गृह-त्याग की योजना में उसी का हाथ हो। वे दाँत पीसती हुई बोलीं–''जब मेरा पुत्र नहीं आया, तो तुम क्यों चले आये? कहीं डूब मरे होते। केवल तुम्हारे चलते इतनी बड़ी घटना घटी है। तुमने थोड़ा-सा संकेत कर दिया होता, तो मेरा पुत्र नहीं जाने पाता?''

''अम्ब, इसमें मेरा लेशमात्र दोष नहीं है। मैंने कुमार को अनेकविध समझाया, पर उनके ऊपर उसका कोई प्रभाव नहीं पड़ा। प्रभाव पड़ता भी कैसे? गृह-त्याग के लिए वे दृढ़संकल्प जो थे। फिर, अपने स्वामी से अनुनय-विनय ही तो की जा सकती है। जहाँ तक मेरा वश चला, उन्हें रोकने का प्रयास किया। इसके बाद भी यदि मैं आप लोगों की दृष्टि में दोषी हूँ, तो जो भी दण्ड देना चाहें, दें, उसके लिए मैं प्रस्तुत हूँ।'' इतना कहते-कहते उसका गला भर आया।

छन्दक की व्यथा सुनकर महाराज का क्रोध शान्त हो गया। उन्होंने

प्रजापति गौतमी से कहा–"आर्ये, यह तो निर्दोष है, इस निरीह पर हम अनावश्यक क्रोध कर रहे हैं। राजकुमार को रोकने के लिए हम लोगों ने कौन-सा उपाय नहीं किया। उसके मन को विरक्ति से अनुरक्ति की ओर उन्मुख करने के लिए मधुर संगीत, नृत्य आदि आयोजनों के निमित्त मैंने राजकोष के रिक्त होने की भी चिन्ता नहीं की, पर सब व्यर्थ गया।"।

"अच्छा, यह बताओ, जिस मुख्य द्वार के कपाट को खोलने-बन्द करने के लिए कई सौ प्रहरियों की आवश्यकता होती थी, वह इतनी सहजता से कैसे खुल गया? और खुला भी तो उसकी भनक तक हम लोगों को नहीं लगने पायी? और तो और, कंथक के पदचाप की ध्वनि भी हम लोग नहीं सुन पाये। इसमें कौन-सा रहस्य छिपा हुआ था?" प्रजापति गौतमी ने उसी तरह क्रोध में पूछा।

"अम्ब, उस समय ऐसा कोई चमत्कार नहीं हुआ। सब कुछ सहज रूप में होता गया। प्रहरियों ने राजकुमार को देखते ही कपाट खोल दिये, उनमें इतना साहस कहाँ था कि वे राजकुमार से कुछ पूछें। अब रही घोड़े के पदचाप की ध्वनि सुनने की बात, अम्ब, कंथक बहुत सँभाल-सँभाल कर पैर रख रहा था, जिससे उसके पदचाप की ध्वनि नहीं सुनाई दी होगी।"

मैंने भी अम्ब प्रजापति गौतमी के आक्रोश को शान्त करने का प्रयास किया–"अम्ब, आर्यपुत्र के गृह-त्याग की बात को कौन नहीं जानता था? राजा-प्रजा सभी को तो इसका आभास था। वह तो बिना बताये चले गये, यदि बताकर भी जाते, तब पर भी तो हम कुछ नहीं कर सकते थे। आपने छन्दक को बड़ा उल्टा-सीधा सुनाया। भला बताइये, इस बराक का क्या दोष है? इसे तो आर्यपुत्र की सेवा में लगाया ही गया था। उनकी आज्ञा का पालन करना इसका धर्म था। उस समय उन्होंने जो आज्ञा दी होगी, उसका इसने पालन किया। आप तो जानती ही हैं कि स्वामी की आज्ञा के उल्लंघन का क्या परिणाम होता है, वह भी तो अपराध की श्रेणी में आता है।"

"तुम सच कह रही हो बेटी, छन्दक निर्दोष है। दुर्भाग्य तो हमारा है, जो अपना ही पुत्र हमें छलकर चला गया। कितने स्नेह से मैंने उसे पाला-पोसा था! सोचा था, सिद्धार्थ कपिलवस्तु के शासन की बागडोर अपने हाथ में लेकर हम लोगों को सुख पहुँचायेगा, पर अपना सोचा कहाँ हो पाया? हमें विश्वास था कि हम अपने सद्प्रयासों से भवितव्यता की दिशा को मोड़ देंगे, राजकुमार के भाग्य की रेखाओं को परिवर्तित कर देंगे, पर हमारे सारे प्रयत्न निष्फल हो गये।" इतना कहते-कहते वे फफक पड़ीं।

एक परिचारिका आगे बढ़कर उनके आँसू पोछने लगी और दूसरी उन्हें ढाढ़स बधाती हुई बोली–"स्वामिनी, अभी तक तो मैं कुछ कहने का साहस नहीं कर पा रही थी, पर आज प्रसंग आया है, तो कह दे रही हूँ। एक दिन वे एकान्त में अपने आप से कह रहे थे–'पिताजी मुझे रोकने का चाहे जितना प्रयास करें, मेरे चारों ओर सुख-सुविधाओं की चाहे जितनी ऊँची प्राचीर खड़ी कर दें, पर वे मुझे गृह-त्याग से नहीं रोक सकते। जब तक मैं इस संसार को त्रिविध दुःखों से मुक्ति दिलाने का मार्ग नहीं खोज लेता, तब तक मुझे शान्ति नहीं मिलेगी।' इतना कहते-कहते वह इस आशंका से सहम गयी कि कहीं महाराज की वह कोपभाजन न हो जाय। लेकिन ऐसा हुआ नहीं। महाराज ने बड़े बुझे स्वर में पूछा-"इस बात को तुमने पहले क्यों नहीं बताया?"

"बताने से कोई लाभ भी तो नहीं होता, इससे तो आपके ही दुःख में वृद्धि होती।"

"तुम ठीक कह रही हो, तुमने बता भी दी होती, तो हम क्या कर लेते?" इतना कहकर महाराज ने ऐसी दीर्घ निःश्वास ली कि पूछिये मत। उनकी छटपटाहट आँसुओं में परिणत हो गयी। अम्ब प्रजापति गौतमी लगीं उनके आँसू पोछने।

इक्कीस

आर्यपुत्र के गृह-त्याग को लेकर मेरा दुःख तो सीमातीत था ही, कपिलवस्तु पर तो जैसे वज्रपात हो गया हो। सारी प्रजा राजप्रासाद की ओर दौड़ पड़ी। जो सुनता, वही स्तब्ध रह जाता। महाराज शुद्धोदन की दशा तो देखते नहीं बन रही थी। वे अपनी पीड़ा इन शब्दों में व्यक्त कर रहे थे–"विधाता मुझे न जाने किस जन्म के पापकर्मों का फल दे रहा है। यदि सिद्धार्थ को मुझसे विरत ही करना था, तो उसने उसे दिया ही क्यों?"

"इतना कहते-कहते वे बुरी तरह से रो पड़े। अम्ब प्रजापति गौतमी अपने आँसू पोछती हुई उन्हें समझाने लगीं–"धैर्य से काम लें, इतना निरीह होने से जीवन दूभर हो जायेगा। फिर, राजकुमार ने सदैव के लिए तो गृह-त्याग किया नहीं है, आज नहीं, तो कल उसे आना ही है। हम लोगों के बिना उसका मन नहीं लगेगा। देखिएगा, दो-चार दिनों में वह अवश्य लौट आयेगा।"

"झूठा आश्वासन क्यों दे रही हो? मैं बच्चा थोड़े ही हूँ, जो तुम्हारी इन बातों पर विश्वास कर लूँगा। वह गया तो गया, अब सिद्धार्थ के रूप में नहीं लौटेगा।"

"फिर भी इस समय आपको धैर्य से काम लेना चाहिए।"

"किस आधार पर धैर्य से काम लूँ?"

इसके बाद तो अपने पुत्र के प्रति उनका वेदनाभरा आक्रोश मुखर हो उठा न–"जाओ बेटे, तुम्हें सिद्धि मिले या न मिले, पर तुमने मुझे जो दुःख दिया है, उससे मैं कभी नहीं उबर पाऊँगा। संसार का दुःख दूर करने में तुम भले ही सफल हो जाओ, पर अपने परिजनों को तो तुमने सदा

के लिए दुःख-सन्तप्त कर दिया। तुम्हें अपनी इस माँ पर भी दया नहीं आयी, जिसने तुम्हारे लिए अपने नवजात शिशु को धाय को सौंप दिया था और अपना दूध पिलाकर इस तरह पाला-पोसा कि तुम्हें कोई मातृ-हीन न समझे। मेरी बुद्धि मारी गयी थी, जो तुम्हारे लिए यशोधरा जैसी सुन्दर-सुशील कन्या का चयन किया। उस बेचारी के जीवन को दूभर बनाने वाला मैं हूँ, मैं। दण्डपाणि तो तुम्हारे हाथ में अपनी कन्या का हाथ देने के लिए तैयार ही न थे, तरह-तरह के बहाने कर रहे थे। आज जब उन्हें यह सूचना मिलेगी कि सिद्धार्थ चोरी से अर्द्धरात्रि में घर छोड़कर चला गया, तो उनके ऊपर क्या बीतेगी? वे तो सिर पीट लेंगे और मुझे बुरी तरह से कोसेंगे। इतना ही नहीं, उनकी आह तुम्हें भी शान्तिपूर्वक नहीं जीने देगी। वत्स, तुमने यह कदम उठाकर कपिलवस्तु को कहीं का न छोड़ा। और तो और, अब उस दुःखियारी यशोधरा के सामने मैं क्या मुँह लेकर जाऊँ? किन शब्दों में उसे बोध दूँ? सम्प्रति मेरा मन तुम्हारी सफलता के लिए शुभकामना भी व्यक्त करने में संकोच कर रहा है।''

उस समय महाराज को इतना भी ध्यान नहीं रहा कि मैं उनके सामने खड़ी हूँ। उनके रोष भरे विलाप को देखकर मैं अपना दुःख भूल गयी और लगी उन्हें सान्त्वना देने–''तात, जब आप इतने अधीर हो जायेंगे, तो कपिलवस्तु की प्रजा का क्या होगा? आपके बल पर राजप्रासाद ही नहीं, पूरी कपिलवस्तु निश्चिन्त रहती है। मानती हूँ कि पुत्र-मोह प्रबल होता है, उसके सामने बड़ों-बड़ों के धैर्य साथ छोड़ देते हैं, पुत्र-बिछोह के बाद जीने का कोई अर्थ नहीं रह जाता, पर इन सबके बाद भी तो जीना पड़ता है।''

''बेटी! उसके चले जाने का असह्य दुःख तो मुझे है ही, साथ-साथ तुम्हारे भविष्य को लेकर भी मैं चिन्तित हूँ। तुम्हारे साथ मैंने बड़ा अन्याय किया है। मैंने अपने स्वार्थ के लिए तुम जैसी भोली-भाली लड़की के जीवन में विष घोल दिया। ईश्वर मुझे कभी नहीं क्षमा करेगा।''

''तात! मेरे भाग्य में जब दुःख लिखा है, तो सुख कहाँ से मिलेगा? आप ही बताइये, भाग्य लेख को आज तक कोई परिवर्तित कर पाया है? आर्यपुत्र से मेरा विवाह न हो, इसके लिए मेरे पिताजी ने क्या नहीं किया? शिल्प-प्रतियोगिता तक का आयोजन करवा डाला, क्योंकि उन्हें पूरा विश्वास था कि राजकुमार उसमें खरे नहीं उतर पायेंगे, पर विधि के विधान को वे कहाँ टाल पाये? प्रतियोगिता में भी आर्यपुत्र सबसे आगे रहे। फिर, इसमें आपका क्या दोष है, मैं स्वयं आर्यपुत्र को पति के रूप में चाहती थी।

मुझे पूर्ण विश्वास था कि उनके सम्बन्ध में की गयी भविष्यवाणियों को मैं मिथ्या सिद्ध कर दूँगी, पर मेरा वह आत्मविश्वास धराशायी हो गया। मेरे सारे प्रयास निष्फल हो गये। मैं तो अपने को सँभालने का प्रयास कर ही रही हूँ, आप भी धैर्य से काम लें, क्योंकि आपके साथ कपिलवस्तु राज्य के जीवन का सूत्र भी तो बँधा है।''

फिर तो उन्हें बड़ा बल मिला न! मेरे सिर पर हाथ फेरते हुए बोले–''ठीक है बेटी, जब तुम इतना धैर्य धारण कर सकती हो, तो मैं भी अपने को सँभालने का प्रयास करता हूँ।'' इसके बाद भी उनके आँसू नहीं थम रहे थे।

उन्हें समझा-बुझाकर जब मैं शयन-कक्ष में आयी, तो अब तक जिन आँसुओं को मैंने बलात् रोक रखा था, वे अपने तट-बंधों को तोड़कर उमड़ पड़े। मेरी सखी सुचित्रा अपने आँचल से मेरे आँसू पोछती हुई समझाने लगी–''देखो यश, इस तरह रोने से काम नहीं चलेगा। जीवन में सुख-दुःख तो लगे ही रहते हैं। तुम्हीं बताओ, इस संसार में कोई ऐसा व्यक्ति है, जो हर तरह से सुखी हो? अरे पगली, दुःख ही तो वह कसौटी है, जिस पर हम परखे जाते हैं। इसके सामने घुटने टेक देना हमारी पराजय है और यह जान लो, पराजित मनुष्य का जीवन स्वयं उसके लिए भार हो जाता है।''

मैंने सिसकते हुए कहा–''सुचित्रा, मुझे इस बात का दुःख नहीं है कि वे चले गये। दुःख मात्र इतना है कि वे मुझे समझ नहीं पाये, अपनी यशोधरा के हृदय की थाह नहीं लगा पाये। यद्यपि आज यह कहना असत्य होगा कि उन्होंने अपने गृह-त्याग की बात मेरे संज्ञान में डाली होती, तो मैं उन्हें सहर्ष जाने देती। सच तो यह है कि उस घड़ी यदि उनके गृह-त्याग की तनिक भी भनक मिली होती, तो मैं उन्हें किसी मूल्य पर न जाने देती, उन्हें रोकने के लिए धरती-आसमान एक कर देती। अस्तु, जो होना था, हो गया। हाँ, चिन्ता अब इस बात की है कि उनके बिना मैं कैसे जीवित रहूँ? यह भी तो नहीं है कि एक निश्चित अवधि के उपरान्त वे लौट आयेंगे। फिर, आयेंगे कि नहीं, यह भी तो संदिग्ध है। तुम तो जानती हो कि मुझ जैसी सुख-सुविधा-सम्पन्न स्त्रियों पर जब इस तरह की विपत्ति आती है, तो उन्हें टूटना ही टूटना होता है।''

''यश, अभी तो यह भी कहना अनुचित होगा कि उन्होंने गृह-त्याग किया है। बहुत सम्भव है कि वे भ्रमण पर गये हों और अब लौट रहे हों।''

"मिथ्या आश्वासन मत दो सुचित्रा, भ्रमण रात में नहीं, दिन में होता है। उन्हें जितना मैं जानती हूँ, उतना सम्भवतः उनके माता-पिता भी न जानते हों। जब होता था, तब गृह-त्याग की बात कर बैठते थे, मैं उन्हें अनेकविध समझाने का प्रयास करती थी। नहीं जानती थी कि अचानक और वह भी रात में गृह-त्याग करके राजपरिवार को अनाथ कर देंगे।"

"जो भी हो, जीना तो तुम्हें है ही, चाहे हँसकर जिन्दगी काटो या रोकर। अपने लिए न सही, इस नवजात शिशु और पुत्र-वियोग के आघात से जर्जर अपने वृद्ध सास-ससुर के लिए तो तुम्हें अपने आँसुओं को पीना ही है। तुम्हारा धैर्य इनके लिए बहुत बड़ा सम्बल होगा। इसलिए इस दुःख रूपी सागर को तुम्हें पार करना ही है।" इस प्रकार वह समझा-बुझाकर चली गयी।

बाईस

अम्ब प्रजापति गौतमी मुझे बहू नहीं, बेटी की तरह मानती थीं। उनके स्नेह से मैं अभिभूत रहती थी। वे मेरे आँसू पोछती हुई बोलीं–"साहस से काम लो बेटी, यह दुःख तुम्हारा ही नहीं, पूरे राजपरिवार का है। उसने हम सभी को दुःख के अन्धकार में भटकने के लिए छोड़ दिया है। अब तुम्हें अपने लिए नहीं, इस बच्चे के लिए जीना है। इसके भोले मुख को देखो और अपने हृदय को कठोर बनाओ। इसलिए इस संकट की घड़ी में हमें धैर्य से काम लेना होगा।"

यद्यपि निराशा के उस गहन अन्धकार में उनकी सहानुभूति की एक क्षीण किरण भी मेरे लिए बहुत थी, पर न जाने क्यों उस समय उनकी ही नहीं, किसी की भी सहानुभूति मेरे दुःख के उद्वेग को शिथिल नहीं, उसे गति दे रही थी। उस समय मैं एकान्त चाहती थी ताकि जी भरकर रो सकूँ। वस्तुतः मेरा दुःख अप्रत्याशित नहीं, प्रत्याशित था। इसलिए मुझे सबसे अधिक क्रोध अपने पर आ रहा था।

अम्ब प्रजापति गौतमी के जाने के बाद मन में तरह-तरह के विचार उठने लगे। इतना ही नहीं, दुःख की शाश्वतता को लेकर अभी तक मेरे मस्तिष्क में जो कुहासा था, शनैः शनैः वह छटने लगा। उस समय न चाहते हुए भी मैं उस दुःख-निवृत्ति और उसके स्वरूप का विश्लेषण करने लगी, जिसे खोजने हेतु आर्यपुत्र ने गृह-त्याग किया था–'आर्यपुत्र इस संसार को दुःखमय मानकर उसे दुःख से मुक्ति दिलाने के लिए जिस मार्ग की खोज करने गये हैं, वह मार्ग क्या होगा, उसका स्वरूप क्या होगा, सभी के लिए वह सुलभ होगा कि नहीं, ये प्रश्न अनुत्तरित-

से लगते हैं। मेरे विचार से जीवन को भरपूर जीना ही उसकी सार्थकता है।'

वस्तुतः यह संसार प्रवृत्ति को महत्व देता है न कि निवृत्ति को। दुःखों से भयभीत होकर कर्म-क्षेत्र से विरत होना कहाँ तक उचित है? जीवन में सुख-दुःख तो लगे ही रहते हैं, इनसे भयभीत होकर हम कहाँ जायेंगे? आर्यपुत्र जरा, व्याधि और मृत्यु, इन तीनों से मुक्ति पाने का उपाय खोजने गये हैं। उन्हें यह कौन समझाये कि इन तीनों को अस्तित्वहीन करने का प्रयास करना सच को झुठलाना है। इस संसार में जो आया है, उसे वृद्ध होना है, रोग-ग्रस्त होना है और अन्त में चाहे-अनचाहे मृत्यु का भी आलिंगन करना है। विधि के इस विधान को न तो नकारा जा सकता है और न ही उसकी अनदेखी की जा सकती है। अरे, यह कौन नहीं जानता कि ये तीनों इस सृष्टि के अभिन्न अंग हैं, इनके बिना तो सृष्टि की कल्पना भी नहीं की जा सकती। अतः सृष्टि के विधान में हस्तक्षेप करना स्वयं को उपहास का पात्र बनाना है।

उन्हें क्या, वे तो त्रिविध दुःखों से मुक्ति का मार्ग खोजने गये हैं, पर उनके विषय में लोग जो टीका-टिप्पणी करते हैं, उसे तो मुझे सुनना पड़ता है। अभी कल ही मेरी सहेली श्वेता मुझे ढाढ़स देने आयी थी। कौन कहे ढाढ़स देने को, वह लगी मेरे घावों को कुरेदने–"यश, तुमने अपने इस दुःख को स्वयं आमंत्रित किया है। क्या पड़ी थी तुम्हें, जो तुमने राजकुमार सिद्धार्थ को पति के रूप में वरण कर लिया? उनका गृह-त्याग तो सर्वविदित था। उनके अन्दर तो वैराग्य के लक्षण शुरू से ही दिखाई देने लगे थे, फिर भी तुम्हारी आँखें नहीं खुलीं। महाराज शुद्धोदन को क्या कहूँ? राजा हैं जितना करें, सब कम है। उन्हें किसी लड़की के जीवन के विषय में इतना क्रूर निर्णय नहीं लेना चाहिए था।"

"श्वेता, विधि के विधान को कौन टाल सकता है, इसलिए किसी अन्य को दोष क्यों दूँ? वैसे भी उनके गृह-त्याग की सम्भावना को जानते हुए भी मैंने यह सोचकर उनका वरण पति के रूप में किया था कि अपने प्रेम के बन्धन में उन्हें इस तरह ले लूँगी कि वे इधर-उधर की बातों को सोचने का अवसर ही न पायेंगे, पर अपने प्रयास में कहाँ सफल हो पायी, सब व्यर्थ गया। वैसे भी मनुष्य अपने चेते कहाँ कुछ करता है? कोई ऐसी शक्ति है, जो उसे अपनी उँगलियों पर नचाती रहती है। तभी तो न चाहते हुए भी उसे कुछ ऐसे कार्य करने पड़ते हैं, जिनसे उसका जीवन नरक हो

जाता है। विवाह के पूर्व पिताजी ने मुझे कितना समझया था! उन्होंने तो यहाँ तक कह दिया था-'देखो बेटी, आज जो तुम मेरी बात पर ध्यान नहीं दे रही हो, तो यह जान लो, आगे जो भी अच्छे-बुरे दिन आयेंगे, उनकी तुम स्वयं जिम्मेदार होओगी। अभी तुम भावुकता में बह रही हो, तुम्हारे पैर धरती पर नहीं हैं, पर एक न एक दिन तुम्हारी आँखों पर पड़ा यह आवरण अवश्य हटेगा और तब विलम्ब हो चुका होगा।'

जानती हो, उस समय मैंने उन्हें क्या उत्तर दिया था? मैंने कहा– 'पिताजी, यदि मेरे भाग्य में दुःख ही लिखा होगा, तो उसे कौन टाल सकता है? इसलिए भविष्य को लेकर सुखद वर्तमान की अवहेलना करना उचित नहीं है। सामने जो आयेगा, उसे देखूँगी।'

मेरे कथन में कुछ तथ्य था कि नहीं, यह तो मैं नहीं जानती, पर उसे सुनकर अभी तक मेरी जो सहेली सारा दोष मुझ पर मढ़ रही थी, वही अब मुझे धैर्य से काम लेने की सीख देने लगी–"देखो यश, रोने-धोने से कुछ नहीं होने वाला है। तुम्हारे भाग्य में जो था, मिला। विधाता का आशीर्वाद समझकर इस दुःख-सन्तप्त जीवन को स्वीकार करो। तुम्हें अब अपने लिए नहीं, इस अबोध बच्चे के लिए जीना है। इस संसार में न जाने कितनी स्त्रियाँ हैं, जिन्हें या तो दाम्पत्य सुख मिला नहीं और यदि मिला, तो दुर्दैव ने उसे समय से पहले छीन लिया। क्या वे नहीं जी रही हैं? जी रही हैं। तुम्हारे पैर के नीचे तो एक ठोस आधार है, पति के सान्निध्य के अतिरिक्त तुम्हारे पास क्या नहीं है? सब कुछ है। फिर, राजकुमार सिद्धार्थ ने सदा के लिए तो गृह-त्याग किया नहीं है, आज नहीं तो कल उन्हें लौटकर आना ही है।"

"झूठा आश्वासन मत दो श्वेता, मैं यह अच्छी तरह जानती हूँ कि भविष्य किस रूप में मेरे सामने आयेगा। उन्होंने न केवल गृह-त्याग किया है, अपितु घर-गृहस्थी, मोह-माया आदि को सदा के लिए तिलांजलि भी दी है। मेरे भाग्य में दाम्पत्य-सुख यहीं तक लिखा था। भविष्य में उनके दर्शन होंगे कि नहीं, यह भी सन्देह के गर्भ में है। अब रही जीने की बात, जीना तो पड़ेगा ही, चाहे हँसकर जिऊँ या रोकर।"

"यश, मुझे तुमसे इसी तरह की आशा थी। ईश्वर करे, तुम्हारा मनोबल इसी तरह बना रहे। अच्छा, अब चलती हूँ।" इतना कहकर वह उठ गयी।

तेईस

आर्यपुत्र के गृह-त्याग की सूचना पाते ही पिताजी अस्थिर हो गये। फलतः वे भागे-भागे कपिलवस्तु आये और उन्होंने महाराज शुद्धोदन से तीखी प्रतिक्रिया व्यक्त की। महाराज एक चुप कि हजार चुप। कुछ क्षणोपरान्त उन्होंने भीगे स्वर में कहा–"देवदह नरेश, इस समय मेरे ऊपर क्रोध करने का समय नहीं है क्योंकि पुत्र के गृह-त्याग की घटना ने मुझे तोड़ दिया है। यदि आप मुझे सान्त्वना नहीं दे सकते, तो मुझे मर्माहत भी न करें। भीतर जाइये और अपनी पुत्री यशोधरा को सँभालिए, उसकी दशा देखते नहीं बन रही है। बहुत सम्भव है कि आपके समझाने-बुझाने से उसकी वेदना कुछ कम हो जाय, क्योंकि आप उसके पिता हैं और यह सर्वविदित है कि माँ-बाप की स्नेहिल सहानुभूति से सन्तान की बड़ी-सी-बड़ी वेदना दूर हो जाती है। वैसे भी यह समय आक्रोश व्यक्त करने का नहीं, सहानुभूति दिखाने का है।"

महाराज शुद्धोदन की बात मानकर पिताजी मेरे पास आये और मेरे सिर पर हाथ फेरते हुए उपालम्भ के स्वर में बोले-

"बेटी, तुमसे मैंने क्या कहा था, स्मरण है न?"

"पिताजी, भवितव्यता बड़ी प्रबल है। उसके सामने कहाँ किसी की कुछ चल पाती है? वह सभी की आँखों पर आवरण डाल देती है। यदि ऐसा न होता, तो उस समय मैंने आपकी बात न मान ली होती? जिस भविष्यवाणी की ओर आपका संकेत है, उसे तो मैं भी जानती थी, फिर भी अपने हठ पर अड़ी रही। इसे होनी नहीं तो और क्या कहेंगे?"

"यह तो एक बहाना है। तुमने स्वयं अपने पाँव में कुल्हाड़ी मारी है।

भवितव्यता का आश्रय लेकर तुम अपने को बोध दे रही हो। सच पूछा जाय, तो तुमने अपने दुर्भाग्य को न्योता दिया है। ऐसा करके तुम तो दुःखी हुई ही, साथ-साथ हम लोग भी तुम्हारे दुःख की आँच में झुलस रहे हैं।''

''अब तो जो होना था, हो गया। विघाता ने जो दुःख दिया है, उसे किसी न किसी तरह सहना ही है। अब आप आशीर्वाद दें कि इस विषम परिस्थिति में मैं टूटूँ न, धैर्य के साथ दुःख के ये दिन काट ले जाऊँ।''

''गोपा, यह जान लो, जो लोग अपने बड़ों की बात नहीं मानते हैं, उन्हें इसी तरह दुःख-सन्तप्त होना पड़ता है। कौन ऐसे माँ-बाप हैं, जो अपनी सन्तान को उचित सलाह नहीं देते, उनके जीवन को सुखमय बनाने का प्रयास नहीं करते? लेकिन जब सन्तान अपने मन की हो जाती है, तो वे विवश हो जाते हैं, उसके सामने उनकी कुछ नहीं चल पाती। फिर, यह नयी बात भी तो नहीं है, लोग अपनों से ही तो हारते हैं।'' उस घड़ी पिताजी के एक-एक शब्द से आक्रोश टपक रहा था।

मैं उनके सामने झुकना नहीं चाहती थी, इसलिए मैंने अपने दुःख के आवेग को पूरी तरह नियंत्रित कर रखा था। इतना ही नहीं, उस समय मेरी आँखों से एक बूँद भी आँसू नहीं निकलने पाया। फिर, रोती भी कैसे, अपेक्षा से अधिक स्वाभिमानिनी जो रही हूँ। उस समय मैंने उनके सामने अपना पक्ष इन शब्दों में रखा–

''पिताजी, मनुष्य अपने संज्ञान में कहाँ कुछ करता है? न चाहते हुए भी उसे सब कुछ करना पड़ता है। आप ही बताइये, आप मेरा विवाह कपिलवस्तु के राजकुमार के साथ करना चाहते थे, नहीं न? फिर क्यों सहमत हो गये? नियति के सामने आपकी कहाँ कुछ चल पायी? अन्ततः आपको झुकना ही पड़ा। इसलिए अब अतीत को कुरेदने से कोई लाभ नहीं, इससे हृदय के घाव हरे होंगे न कि सूखेंगे।'' इसके बाद तो उनका आक्रोश सहानुभूति में पर्णत हो गया न!

वस्तुतः पिताजी केवल आक्रोश ही व्यक्त करने नहीं आये थे, अपितु मुझे अपने साथ लिवा जाने की भी नीयत से आये थे। फलतः उलाहना देने के उपरान्त उनका स्नेह उसी तरह मेरे दुःख-सन्तप्त हृदय को शीतल करने लगा, जैसे आँधी-तूफान के बाद वर्षा आकर पृथ्वी के हृदय को शीतल करने लगती है।

''अच्छा बेटी, अब यह बताओ कि आगे क्या करना है?''

"आपके आशीर्वाद से मैं इस दुःख को धीरे-धीरे सहन कर ले जाऊँगी।"

"देखो गोपा, पति के बिना पति-गृह काटने दौड़ता है। यहाँ की हर वस्तु सिद्धार्थ से जुड़ी है, इन्हें देखते ही तुम्हें अपने बीते दिनों का स्मरण हो आता होगा और तब तुम बुरी तरह से अशान्त हो जाती होगी। इसलिए मेरी मानो तो कुछ दिनों के लिए देवदह चली चलो। वहाँ रहकर तुम अपने मन को इधर से मोड़ सकोगी और सखी-सहेलियों के बीच तुम्हारा दुःख भी कुछ हल्का हो जायेगा। हाँ, सिद्धार्थ जब लौट आयेंगे, तो चली आना।"

"पिताजी, आप मेरे हित की बात कर रहे हैं। यह सच है कि यहाँ के वातावरण से निकल जाने से बहुत-सी बातें अपने आप विस्मृति की राख में दब जायेंगी और आप लोगों का स्नेह मेरे घावों पर औषधि का कार्य करेगा, पर.......।"

"पर क्या?"

"महाराज और अम्ब प्रजापति गौतमी की दशा देख रहे हैं न? पुत्र के वियोग को वे एक क्षण के लिए भी अपने मस्तिष्क से नहीं निकाल पा रहे हैं। मैं अपने आँसू पीकर उन दोनों को सान्त्वना देती रहती हूँ। मेरे समझाने-बुझाने से वे दोनों टूटने से बच गये हैं। अब आप ही बताइए, ऐसी दशा में उन्हें छोड़कर आपके साथ चलना उचित होगा? फिर, मायके में मेरी कब तक बीतेगी? सुख हो या दुःख, जीवन तो यहीं बीतेगा।" यद्यपि अन्तिम वाक्य मेरे मुँह से नहीं निकलना चाहिए था, फिर भी निकल गया। इसके लिए मुझे पश्चाताप भी हुआ।

"सो तो ठीक है, पर मैं तुम्हें कुछ दिनों के लिए लिवा जाना चाहता हूँ ताकि तुम्हारा मन बहल जाय।"

"पिताजी, लड़की जब तक ससुराल की है, तभी तक वह मायके की होती है। ससुराल से कटने के बाद वह मायके की भी नहीं होती। वैसे भी इस विषम परिस्थिति में राजपरिवार को छोड़कर आपके साथ चलना अनुचित होगा। यह राजपरिवार मुझे और राहुल को देखकर अपने दुःख को भूला रहता है। हम दोनों की अनुपस्थिति में उसका दुःख द्विगुणित हो जायेगा।"

"ससुराल के प्रति तुम्हारी यह निष्ठा सराहनीय है। ईश्वर तुम्हें इतनी शक्ति दे कि तुम अपने इस दुःख को सहन कर सको। मेरा आशीर्वाद

तुम्हारे साथ है।" इसके बाद वे चले गये। उस समय के मेरे उस निर्णय से महाराज और अम्ब प्रजापति ही नहीं, पूरा राजप्रासाद भावविभोर हो उठा। महाराज की आँखों में प्रसन्नता के आँसू उमड़ आये। उनके मुख से निकले ये शब्द मुझे आज भी स्मरण हैं–'मुझे अपनी बहू पर गर्व है। ईश्वर करे, सभी को ऐसी बहू मिले।'

चौबीस

समय स्वाभाविक गति से आगे बढ़ता रहा और मैं येन केन प्रकारेण अपने दिन काटती रही। सुख-सुविधाएँ मेरे लिए कण्टक सदृश रहीं। एक दिन भी ऐसा नहीं रहा, जिसे मैंने सहज एवं निश्चिन्तभाव से बिताया हो। कभी राहुल के भविष्य की चिन्ता, तो कभी महाराज और अम्ब प्रजापति गौतमी की। एक ओर जहाँ मेरे मन में आर्यपुत्र के गृह-त्याग को लेकर आक्रोश था, वहीं दूसरी ओर उनके प्रति सहानुभूति भी थी। इतना ही नहीं, कभी-कभी मैं इस बात को लेकर गौरवान्वित भी हो जाती थी कि उन्होंने गृह-त्याग आत्महित के लिए नहीं, लोकहित के निमित्त किया है। वे एक ऐसे दिव्य ज्ञान की खोज में गये हैं, जिसके आलोक में अज्ञान के अन्धकार में भटकते लोगों का जीवनपथ प्रशस्त होगा। लेकिन इन सबके बाद भी मेरे जीवन में न तो कोई उत्साह रहा और न ही उल्लास। नीरसता जीवन की सहचरी हो गयी।

आज छह वर्ष के दिन बीत गये, कभी तो मेरा आँचल सूखा होता! जिस सिद्धार्थ को पति के रूप में पाकर मैं इतराती थी, पाँव धरती पर नहीं पड़ते थे, जिसके आकर्षक रूप को देखकर आँखे कभी तृप्त नहीं होती थीं और जिसकी एक मुस्कान पर मैं अपना सर्वस्व न्यौछावर करने के लिए उद्यत रहती थी, आज उसी व्यक्ति ने मुझे मझधार में लाकर छोड़ दिया है। राहुल जब अपने पिता के विषय में पूछता है, तो उस समय मेरे ऊपर क्या बीतती है, उसे मैं ही जानती हूँ, आँसू रोके नहीं रुकते।

एक दिन अचानक उसने पूछ दिया–"माँ, मेरे पिताजी कहाँ गये हैं?

तुम केवल उस स्थान का नाम बता दो, फिर देखो, उन्हें मैं खोज लाता हूँ कि नहीं?"

"वत्स, तुम्हारे पिताजी सिद्धि-हेतु तपस्यारत हैं। सम्प्रति वे कहाँ हैं, इसे मैं ही नहीं, तुम्हारे पितामह भी नहीं जानते।"

"सच बताओ माँ, वे कब आयेंगे? तुम्हें मेरी सौगन्ध, जो झूठ बोलना।"

"भला मैं अपने हृदय के टुकड़े से झूठ बोलूँगी? तुम्हारे ही तो बल पर जी रही हूँ।" इतना कहते-कहते मेरी आँखें भर आयीं। मुझे रोते देखकर उसका हठ द्रवित हो गया और लगा सिसक-सिसक कर पश्चाताप करने-"माँ, मुझसे अपराध हो गया, क्षमा कर दो। अब पिताजी के विषय में कभी कुछ नहीं पूछूँगा।"

"नहीं बेटे, नहीं, तुम्हारी आँखों में आँसू आये, इसे मैं कैसे देख सकती हूँ। वे कब आयेंगे, यह तो नहीं बता सकती, पर इतना विश्वास के साथ कह सकती हूँ कि एक न एक दिन उनके दर्शन अवश्य होंगे। हाँ, इतना तुमसे अवश्य कहूँगी कि उनके विषय में कुछ पूछकर मेरे हृदय के घावों को हरा न किया करो, क्योंकि उनका प्रसंग आते ही मैं असहज हो जाती हूँ, आँसुओं का बाँध टूट जाता है। फिर, पितामह के रहते तुम्हें किस बात की चिन्ता? उनके स्नेह के सामने संसार का सारा स्नेह फीका है। अच्छा, अब सो जाओ, प्रातःकाल समय से उठना भी तो है।"

बच्चे भी कितने भोले होते हैं! प्रेम से समझा दो, तो बड़े से बड़े हठ को छोड़ देते हैं। माँ की आँखों में आँसू तो वे देख ही नहीं सकते। यद्यपि मैं सदैव इस बात का ध्यान रखती थी कि राहुल के सामने मेरा अपना दुःख मुखर न हो, उसके सामने प्रसन्न रहूँ, पर इतनी सावधानी बरतने के बाद भी दुःख का उद्वेग कहाँ थमता था? उसकी उद्दाम लहरें राहुल की बाल सुलभ प्रसन्नता को निगल जाती थीं। फिर तो मैं अपने को ही कोसने लगती थी।

कभी-कभी सोचती हूँ, नारी के आँचल में विधाता ने दुःख के अतिरिक्त और कुछ नहीं दिया है क्या? मैंने आर्यपुत्र की प्रसन्नता के लिए क्या नहीं किया? अपने स्नेह-रस से उनके चरणों को निरन्तर धोती रही, अपने अस्तित्व को उनके अस्तित्व में आत्मसात करती रही, पर उनके गृह-त्याग ने मुझे जो आघात पहुँचाया, उससे मैं टूट गयी। अब तो पुरुष जाति पर मेरा विश्वास ही नहीं रहा। प्रायः मन में यह प्रश्न उठता है कि पुरुष के समक्ष नारी को इतना झुकने की क्या आवश्यकता है? उसके

अस्तित्व के लिए अपने को मिटा देना कहाँ की बुद्धिमानी है? विडम्बना तो इस बात की है कि जिस समर्पण को नारी अपना धर्म मानती है, पुरुष की दृष्टि में वह उसकी निरीहता होती है। उसके प्रति उसकी सहानुभूति मात्र छलावा है। उसे वह भोग की वस्तु के अतिरिक्त और कुछ समझता ही नहीं। अपनी तृप्ति के लिए वह उसकी चाहे जितनी प्रशंसा करे, प्राण न्यौछावर करने की ही बात क्यों न करे, पर स्वार्थ सिद्ध हो जाने पर वह सब भूल जाता है। इतने पर भी उसके प्रति नारी के समर्पण भाव में न्यूनता नहीं आती, उसे वह अपना सर्वस्व मानती है। काश! पुरुष उसके इस समर्पण को समझ पाता।

मेरे विचारों की शृंखला उस समय टूट गयी, जब एक परिचारिका ने आकर यह सूचना दी–"राजकुमार सिद्धार्थ ने बुद्धत्व को प्राप्त कर लिया। मगध से पधारे दो वणिक पुत्रों ने उन्हें न केवल देखा है, अपितु उनके उपदेश रूपी अमृत का पान भी किया है।" इस सुखद सूचना ने एक तरह से मेरे निर्जीव शरीर में प्राण डाल दिये। घोर निराशा में आशा की किरण दिखाई दी। इसके पूर्व उनसे जुड़ी हर आशा निराधार लगती थी। उनके लौटने की सम्भावना को निराशा निगल जाती थी। शनैः-शनैः यह सुखद समाचार पूरी कपिलवस्तु में फैल गया और लोग आनन्दित हो उठे। अम्ब महाप्रजापति गौतमी और महाराज शुद्धोदन की प्रसन्नता का तो कोई ओर-छोर ही न था।

राजप्रासाद में दोनों वणिक पुत्र सम्मानित किये गये और उनकी सूचना के आधार पर महाराज ने बारी-बारी से अनेक संदेशवाहकों को राजगृह भेजा, पर जो भी गये, सन्देश भूलकर वहीं के होकर रह गये। अन्ततः महाराज ने अपने विश्वसनीय मंत्रि-पुत्र कालउदायी को यह कहकर भेजा– "राजकुमार से जाकर कहो कि उसकी धर्मदेशना सुनने की कपिलवस्तु भी इच्छुक है। वह अविलम्ब कपिलवस्तु आकर हमें दर्शन दे, ताकि हमारे निर्जीव शरीर में चेतना आ जाय। उसके बिना कपिलवस्तु सूनी ही नहीं, चेतनाहीन भी हो गयी है। स्मरण रहे, अन्य लोगों की भाँति तुम भी न वहीं रम जाना, इस बात का अवश्य ध्यान रखना।"

"देव, आप निश्चिन्त रहें, मैं उन्हें लिवाकर ही कपिलवस्तु में प्रवेश करूँगा।" इतना कहकर उसने राजगृह के लिए प्रस्थान किया।

उस समय राहुल भी वहाँ था। वह बड़े ध्यान से सारी बातें सुन रहा था। उसकी जिज्ञासा मुखर हो उठी–

"माँ, पितामह किसके विषय में बातें कर रहे थे?"

"तुम्हारे पिताजी के विषय में।"

"वे मगध के लोगों को उपदेश दे रहे है?"

"हाँ बेटे, उन्होंने तपस्या करके बहुत बड़े ज्ञान को प्राप्त किया है। वे अपने को बुद्ध कहते हैं।"

"तो क्या उनके उपदेश को सुनने के लिए राजा-महाराजा भी उनके पास जाते हैं?" उसने साश्चर्य पूछा।

"उपदेश ही नहीं, वे उनके दर्शन के लिए भी लालायित रहते हैं।"

"कभी वे कपिलवस्तु भी आयेंगे?"

"तुम्हारे पितामह की ओर से प्रयास तो हो रहा है, देखो वे कब आते हैं?"

"एक बात है माँ, जब वे यहाँ आयेंगे, तो मैं न तो उनके पास जाऊँगा और न ही उनसे बातें करूँगा" उसने दुःखी होकर कहा।

"ऐसा क्यों?"

"तुम्ही बताओ, इतने दिन वे कहाँ थे? उन्होंने हम लोगों की कुशल-क्षेम की चिन्ता क्यों नहीं की?"

उसके इस तर्क को सुनकर मैं अवाक् रह गयी और सोचने लगी–'राहुल की सोच निराधार नहीं है। इस बच्चे के प्रति उन्हें ममता रही होती, तो इसके जन्म की सूचना पाकर न तो वे 'राहु जातो' कहते और न ही गृह-त्याग करके वन की राह लेते? यह क्या जाने कि पिता का स्नेह कैसा होता है।' इसके बाद भी मैंने उसे समझाने की चेष्टा की–"अपने पिताजी के विषय में ऐसा नहीं बोलते। वे अब साधारण मानव नहीं हैं, उनकी गणना महामानवों में होने लगी है। तुम्हें तो इस बात का गर्व होना चाहिए कि तुम उनके पुत्र हो। गर्व तो पूरी कपिलवस्तु को है, उसका राजकुमार बुद्धत्व प्राप्त करके संसार का कल्याण जो कर रहा है। देख नहीं रहे हो, कपिलवस्तु की प्रजा का मुखमण्डल किस तरह खिल उठा है?"

"वे महामानव हों या भगवान, पर पिता नहीं हैं। मेरे लिए तो पितामह ही सबकुछ हैं।" इतना कहकर वह अम्ब प्रजापति गौतमी के पास चला गया।

पच्चीस

महाश्रमण कपिलवस्तु आने वाले हैं, इस सूचना से कपिलवस्तु को एक नया जीवन मिला। राजप्रासाद की प्रसन्नता तो देखते ही बन रही थी। महाराज शुद्धोदन ने उनके स्वागत के लिए कपिलवस्तु को इतना भव्य बना दिया कि लगता ही न था कि यहाँ दुःख-दारिद्रय भी होगा। विपन्न से लेकर सम्पन्न तक, सभी लोगों ने अपनी सामर्थ्य के अनुसार अपने-अपने गृह को साफ-सुथरा करके सजाया। राजप्रासाद की साज-सज्जा का तो कुछ पूछना ही नहीं था। राजकोष का धन पानी की तरह बहाया जा रहा था। विडम्बना देखिए, जिस व्यक्ति ने राजप्रासाद के सुख-वैभव को देखकर भी नहीं देखा, जिसने राजपाट को ठोकर मारकर वैरागय को अपनाया, उसी के स्वागत में कपिलवस्तु को सजाया-सँवारा जा रहा था। भला बताइए, उस विरक्त को इस साज-सज्जा से क्या लेना-देना?

हाँ तो, प्रजा अपने राजकुमार को देखने के लिए व्यग्र हो उठी। और मैं? मेरी कुछ न पूछिये, भीतर ही भीतर एक आक्रोश मुझे व्यथित किये जा रहा था, जिसे मैं प्रकट नहीं होने दे रही थी।

बाल-स्वभाव देखिए, अभी तक राहुल आर्यपुत्र से इतना असन्तुष्ट था कि उनके कपिलवस्तु पधारने पर उनसे न मिलने की बात कर रहा था, पर उसने जब यह सुना कि उसके पिता जी आने वाले हैं, तो वह प्रसन्नता में लगा उछलने-कूदने। बार-बार मुझसे पूछता–"माँ, मेरे पिताजी कैसे हैं, उनका रूप-रंग कैसा है? मैं उन्हें कैसे पहचानूँगा, उनके साथ उन्हीं की तरह और भी तो भिक्षु होंगे?"

"तुम कितने भोले हो! तारों के बीच चन्द्रमा को कौन नहीं पहचान सकता?"

"माँ, तुम ठीक कहती हो, उस समय सारे शिष्य उनके अनुगामी होंगे, इसलिए वे अपने आप पहचान में आ जायेंगे। एक बात और पूछूँ, बुरा तो नहीं मानोगी?"

"पूछो, बुरा क्यों मानूँगी?" मैंने साश्चर्य कहा।

"देख रहा हूँ कि पिताजी के आने की प्रसन्नता में सभी का मुखमंडल खिला हुआ है, लोग अपने काम-धाम भूलकर उनके दर्शन के लिए व्यग्र हैं। पितामह जी को तो इसके पूर्व मैंने इतना प्रसन्न कभी देखा ही न था। वे अनुचरों की छोटी-मोटी त्रुटियों पर ध्यान न देकर बड़े प्रेम से उनसे बातें कर रहे हैं। लेकिन तुम? तुम्हारे मुख पर प्रसन्नता की एक क्षीण रेखा भी नहीं दिखाई दे रही है, ऐसा क्यों?"

"बेटे, तुम्हारे इस प्रश्न का उत्तर तो मेरे पास है, पर देना नहीं चाहती। सम्भव है, उसे सुनकर तुम्हारी भी प्रसन्नता तिरोहित हो जाय।"

"अच्छा माँ, मत बताओ। वैसे भी इस समय मैं अपनी प्रसन्नता को हाथ से नहीं निकलने देना चाहता।" इतना कहकर वह उछलता-कूदता पितामह के पास चला गया।

राहुल का प्रश्न उचित था। सच में उस समय मैं उद्विग्न थी। मन में बार-बार यह प्रश्न कौंध जाता था कि जिस दशा में वे मुझे छोड़कर चुपचाप चले गये थे, यदि मेरे सास-ससुर इतने अच्छे न रहे होते, तो एक नवजात शिशु को लेकर मैं कहाँ जाती? किस घाट का पानी पीती? इसके अतिरिक्त यदि मैं साधारण घर में व्याही गयी होती, तो दर-दर की ठोकरें खाने के अतिरिक्त और कोई चारा था मेरे पास? पुरुष अपने को समझता क्या है? वह नारी की इतनी उपेक्षा क्यों करता है? जिस दिन नारी स्वाभिमान के साथ अपने अधिकारों की माँग कर बैठेगी, उस दिन वह यह भूल जायेगा कि नारी मात्र भोग की वस्तु है, उसे अपने पुरुषार्थ पर जो इतना गर्व है, वह चूर-चूर हो जायेगा।

छब्बीस

"देवि बधाई हो।"

"किस बात की बधाई दे रही हो सुनन्दा!" मैंने साश्चर्य पूछा।

"राजकुमार जी भिक्षुसंघ के साथ न्यग्रोध वन में पधार चुके हैं।"

"सच, झूठ तो नहीं बोल रही हो?" मैंने साश्चर्य पूछा।

"स्वामिनी, आपसे झूठ बोलने का दुस्साहस मैं कैसे कर सकती हूँ।"

"सुनन्दा, तुमने यह सुखद सूचना देकर मेरे निर्जीव शरीर में प्राण डाल दिये।"

अभी तक उन्हें लेकर मेरे मन में जो असन्तोष का भाव था, तरह-तरह के उपालम्भ देने की जो व्यग्रता थी, सब के सब पलायित हो गये। वे संसार के कल्याण में रात-दिन लगे हैं, लोगों को दुःखों से मुक्ति पाने का मार्ग दिखा रहे हैं, इससे मैं गर्व की अनुभूति कर रही थी।

मेरे खिले मुखमंडल को देखकर सुनन्दा की आँखों में आनन्द के आँसू उमड़ आये। सोचा, अपना हार उसके गले में डाल दूँ, पर जब हाथ गले की ओर गये, तब स्मरण आया कि आभूषण तो मैंने उसी क्षण उतार कर रख दिये थे, जब आर्यपुत्र के गृह-त्याग की पुष्ट सूचना मिली थी। सामने मणियों की माला दिखाई दी, उसी को उसके गले में डालते हुए मैंने पूछा–"तुमने उनके दर्शन कर लिये न? कैसे लग रहे हैं वे? उनका स्वास्थ्य तो ठीक है न?"

"स्वामिनी, भिक्षु वेश में भी उनका व्यक्तित्व आकर्षण का केन्द्र बना हुआ है। उनके शान्त मुखमण्डल पर एक दिव्य आभा विराजमान है। उनके दर्शन के लिए पूरी कपिलवस्तु उमड़ पड़ी है।" इतना कहकर वह चली गयी।

उसके जाने के बाद मैंने ईश्वर को धन्यवाद दिया और मन ही मन आर्यपुत्र के प्रति कृतज्ञता व्यक्त की–'नाथ, आपने कपिलवस्तु में पधार कर हम पर बड़ी कृपा की है। आपके चले जाने के बाद राजप्रासाद ही नहीं, पूरा राज्य श्रीविहीन हो गया था। बुद्धत्व प्राप्त करके आप संसार का जो कल्याण कर रहे हैं, उसके सामने मेरा दुःख कोई अर्थ नहीं रखता। आप इसी तरह अज्ञान के अन्धकार में भटकते हुए लोगों का पथ-प्रशस्त करते रहें।'

सूर्यास्त होते ही सारी कपिलवस्तु अपने राजकुमार के आने की प्रसन्नता में दीवाली मनाने लगी। लोगों ने अपनी-अपनी क्षमता के अनुसार अपने घरों को सुसज्जित किया। कपिलवस्तु का आह्लाद समा नहीं रहा था। वस्तुतः बुद्धत्व प्राप्त करने के बाद आर्यपुत्र की लोकप्रियता पराकाष्ठा पर पहुँच गयी थी। कपिलवस्तु की जनता उन्हें ईश्वर की तरह मान रही थी।

भोजनोपरान्त जब मैं शयन-कक्ष में गयी, तो उनके प्रथम दर्शन की घटना मूर्तिमान हो उठी–

रोहिणी नदी के तट पर हम सभी सखियाँ परस्पर हास-परिहास कर रही थीं कि कुछ दूर खड़े एक सुपुरुष पर हमारी दृष्टि पड़ी। इसके पूर्व हम लोगों ने इतने सुन्दर एवं सौम्य नवयुवक को नहीं देखा था। एक सखी ने कहा–"देखो भाई, आज रात के चौथे पहर मैंने जो स्वप्न देखा था, सम्प्रति वह साकार रूप में सामने विद्यमान है।"

"इस समय तुम अपने स्वप्न की बात करके हमारे आनन्द में विघ्न न डालो। जानती हो, वह कौन है? कपिलवस्तु के राजकुमार सिद्धार्थ हैं।" मैंने ऐसे कहा जैसे मैं उनसे पूर्व परिचित होऊँ।

"तुम कैसे जानती हो कि वे राजकुमार सिद्धार्थ ही हैं?"

"क्योंकि इतना दिव्य और सौम्य व्यक्तित्व राजकुमार सिद्धार्थ के अतिरिक्त और किसी का हो ही नहीं सकता।" मैंने बड़े अधिकार के साथ कहा।

"गोपा सच कह रही है।" दूसरी सखी ने मेरी बात का अनुमोदन किया। फिर तो राजकुमार को लेकर हम लोग लगे तरह-तरह के सपने देखने।

उन्हें निर्निमेष देखने के बाद भी हमारे नेत्र तृप्त नहीं हो रहे थे। उस समय हम सभी के लिए वे सपनों के राजकुमार जैसे थे। अन्य लोगों

के मन की बात तो मैं नहीं जानती थी, पर अपनी कहूँ, तो मैं उस घड़ी ईश्वर से प्रार्थना करने लगी कि यदि वह मुझे वर दे, तो सिद्धार्थ के रूप में दे अन्यथा कुँआरी रखे। आश्चर्य तो इस बात का था कि हम उन्हें भले ही सतृष्ण देख रही थीं, पर वे हमारी ओर भूलकर भी नहीं देख रहे थे। न जाने किन विचारों में डूबे हुए थे। हमने उनके ध्यान को अपनी ओर आकृष्ट करने के लिए तरह-तरह के प्रयास किये, पर उनकी दृष्टि हमारी ओर नहीं आयी, तो नहीं आयी। फलतः हम लोगों की इच्छा अतृप्त की अतृप्त ही रह गयी।

हम लोगों में कुछ ऐसी भी थीं, जिन्हें अपने रूप पर बड़ा गर्व था, उस समय उन्हें बड़ा झटका लगा। उनमें से एक ने अपनी प्रतिक्रिया भी व्यक्त की–"राजकुमार तो बड़ा अहंकारी है, भूलकर भी इधर नहीं देख रहा है। इसके स्थान पर कोई और नवयुवक होता, तो हम लोगों के पास स्वयं आता और संवाद-सुख पाने के लिए कोई न कोई बहाना खोजता। यह राजकुमार है न! उसके लिए हम जैसी युवतियों का क्या महत्व?"

दूसरी सखी ने प्रतिवाद करते हुए कहा–"नहीं, ऐसी बात नहीं है। सम्भवतः तुम लोगों को यह नहीं ज्ञात है कि राजकुमार सिद्धार्थ शुरू से ही सांसारिक मोहमाया के प्रति निर्लिप्त रहे हैं। भोग-विलास से उन्हें अरुचि है। तभी तो महाराज शुद्धोदन इतने चिन्तित रहते हैं। उनके मन को बहलाने के लिए वे जो भी प्रयास करते हैं, सब के सब निष्फल हो जाते हैं। कुछ लोग तो यहाँ तक कहते हैं कि राजकुमार को कभी किसी ने हँसते देखा ही नहीं, सदैव विचार-मग्न रहते हैं।"

उस समय न जाने क्यों अपनी सखियों की उपर्युक्त टिप्पणियाँ मुझे नहीं भायीं, फलतः मैं झुँझला उठी–"तुम लोग टीका-टिप्पणी करने में बड़ी निपुण हो। राजकुमार अहंकारी हो या विनम्र, इससे हम लोगों को क्या लेना-देना? हो सकता है कि उसकी नीरसता के भीतर सरसता की अविरल धारा प्रवाहित हो। यह तो सर्वविदित है कि दीन-दुःखियों के प्रति उसकी जैसी सहानुभूति कहीं नहीं दिखायी देती। लोगों को दुःखी देखकर उसका हृदय द्रवित हो जाता है। मनुष्य की बात छोड़ो, उसे यदि देवता भी कहा जाय, तो अतिशयोक्ति नहीं होगी।"

राजकुमार के प्रति मेरी इस धारणा को सुनकर सभी सखियाँ जल-भुन उठीं। उनका जल-भुनना स्वाभाविक भी था। एक अपरिचित नवयुवक के प्रति मेरा इस तरह का सद्भाव उन्हें ही नहीं, किसी को भी चुभ सकता था।

मेरी प्रिय सखी प्रियंवदा परिहास करती हुई बोली–"तुम लोग अनावश्यक व्यग्र हो। गोपा के लिए राजकुमार देवता ही नहीं, इसके मन-मन्दिर का आराध्य भी हो सकता है। ठीक है गोपा, तुम रात-दिन उसके नाम की माला जपो। यदि आदेश हो, तो उसका एक चित्र भी मँगवा दूँ, अपने पूजाघर में रखकर उसकी आरती उतारो।" इसके बाद तो सभी ठहाके लगाकर हँस पड़ीं न!

उसके व्यंगात्मक परिहास का उत्तर मैंने नहीं दिया क्योंकि वह मुझे चुभा नहीं, अच्छा लगा। मैंने सोचा–'काश! ऐसा होता। सच में मैं उसकी पूजा करती, पर मेरे भाग्य में ऐसा कहाँ है? कहाँ वह कपिलवस्तु जैसे महान राज्य का राजकुमार और कहाँ मैं एक साधारण राजकन्या, दोनों के स्तर में धरती-आकाश का अन्तर है।'

वहाँ से आने के बाद राजकुमार को मैं एक क्षण के लिए भी नहीं भूल पायी। एक अप्रत्याशित प्रसन्नता मेरे मुखमण्डल पर थिरकती रही। मुझे प्रसन्न मुद्रा में देखकर पिताजी ने पूछा–"यश, क्या मैं तुम्हारी प्रसन्नता का कारण जान सकता हूँ? इसके पूर्व तुम्हें इतना प्रसन्न मैंने कभी नहीं देखा था। हाँ, बचपन में तुम अवश्य प्रसन्न रहा करती थी, पर युवावस्था की देहली पर पग रखते ही तुम्हारी प्रसन्नता को जैसे ग्रहण लग गया हो। कभी-कभी तुम्हारी गम्भीर मुद्रा को देखकर मैं चिन्तित हो उठता हूँ।"

"आप ठीक कहते हैं। आजकल मेरे ही नहीं, किसी के भी मुखमंडल पर प्रसन्नता नहीं दिखाई देती। लोग हँसना भूल जो गये हैं। वस्तुतः हमने अपनी प्रसन्नता देकर तनाव को जो मोल ले लिया है। देख नहीं रहे हैं, लोग सहजता से किस तरह दूर होते जा रहे हैं?"

"बात तो तुमने महत्वपूर्ण कही, पर इसमें मेरे प्रश्न के उत्तर की गन्ध तक नहीं है। मैं तुम्हारी आज की प्रसन्नता का कारण जानना चाहता हूँ। यदि तुम अकारण इतनी प्रसन्न हो, तो इसे स्वस्थ लक्षण नहीं कहेंगे।"

"आप अनावश्यक चिन्तित हैं। आज के इस तनावग्रस्त वातावरण में यदि कहीं से प्रसन्नता के दो-चार मोती आपकी बेटी के आँचल में आ ही गये, तो इसे आपको शुभ मानना चाहिए। मैं तो यही कहूँगी कि कारण की तह में जाने की अपेक्षा मेरी प्रसन्नता में आप भी सहभागी बनिये। इसके अतिरिक्त कुछ बातें ऐसी भी होती हैं, जिन्हें गोपनीय रखने में ही उनका महत्व होता है।"

"ठीक है बेटी, ईश्वर करे तुम इसी तरह जीवनभर प्रसन्न रहो, पर इतना अवश्य कहूँगा कि भावुकता में आकर कोई ऐसा कदम न उठाना, जिससे परिवार की प्रतिष्ठा पर किसी तरह की आँच आये, क्योंकि एक बार जब चरित्र पर उँगली उठ जाती है, तो फिर वह सँभाले नहीं सँभलता।"

"आप चिन्ता न करें, मैं ऐसा कोई कदम नहीं उठाऊँगी, जिससे आपकी प्रतिष्ठा को आघात पहुँचे।"

स्मृतियों के सुखद आलिंगन में मुझे देखकर मेरी नींद मुझसे रूठ गयी। सिद्धार्थ को लेकर तरह-तरह के कोमल भाव अंकुरित होते रहे। रोहिणी नदी के तट पर का उनका वह रूप नेत्रों के सामने से हटता ही न था। किसी तरह जब निद्रा देवी ने कृपा भी की, तो वे स्वप्न में विराजमान हो गये। स्वप्न इस प्रकार रहा–मैं रोहिणी नदी के तट पर राजकुमार के दर्शन की अभिलाषा सजोये बैठी थी कि देखती हूँ कि उनका रथ दूसरे तट पर आकर रुका। वे रथ को छोड़कर नाव द्वारा इस पार आये और मेरे कन्धे पर हाथ रखकर बोले–"देखो, तुमने मुझे स्मरण किया और मैं उपस्थित हो गया। यश, तुम समझती हो कि उस दिन मैंने तुम्हें और तुम्हारी सखियों को देखा नहीं, देखा था, पर तुम लोगों की दृष्टि बचाकर। हाँ, इतना तुम्हें अवश्य बता दूँ कि मेरी दृष्टि मात्र तुम्हारे रूप-रस का पान कर रही थी, वह भी छिप-छिपकर।"

"आप झूठ बोल रहे हैं। हम सभी इस आशा में थे कि आप हम लोगों की ओर दृष्टि डालेंगे, पर आपने भूलकर भी हमारी ओर नहीं देखा।"

"अच्छा बाबा नहीं देखा, इस समय देख रहा हूँ कि नहीं? कदाचित् तुम्हें स्मरण हो, मेरा-तुम्हारा तो जन्म-जन्मान्तर का सम्बन्ध है।"

"राजकुमार, मैं वर्तमान में विश्वास करती हूँ। इस जन्म में आपकी अर्धांगिनी बन पाऊँगी कि नहीं?"

"यश, तुम्हारे बिना मेरा जीवन अपूर्ण है। शीघ्र ही मैं तुम्हें अपनी पत्नी के रूप में वरण करने आ रहा हूँ।" इतना कहकर उन्होंने मुझे अपने आलिंगन में ले लिया।"

उनकी वह धृष्टता मुझे बहुत बुरी लगी। फलतः उनके आलिंगन-पाश से अपने को अलग करके बोली–"राजकुमार,मर्यादा का उलंघन न करें। मैं एक सम्भ्रान्त परिवार की कन्या हूँ। हमारे पाँव कहीं फिसल न जायँ, इसके लिए हमारे अभिभावक निरन्तर जागरूक रहते हैं। आपको क्या, आप ठहरे राजकुमार, आपका तो कुछ बनने-बिगड़ने वाला है नहीं, पर हम लड़कियों

पर यदि एक बार मिथ्या ही उँगली उठ गयी, तो फिर हम कहीं की नहीं होतीं, जीवन नरक हो जाता है।"

"तुम्हारे इस कथन से मैं सहमत नहीं हूँ कि राजकुमारों को सब कुछ करने की छूट है। यश, मनुष्य के जीवन में आचरण का विशेष महत्व है। राजा हो या प्रजा, यदि उसमें आचरणगत शुचिता नहीं है, तो वह मनुष्य की श्रेणी में नहीं आता। यह जान लो, मैं ऐसे राजकुमारों की श्रेणी में नहीं आता, जिन्हें अपनी और समाज की मान-मर्यादा का ध्यान न हो।"

"बुरा मान गये न! मेरे कहने का आशय है कि पुरुषों की तुलना में स्त्रियों के लिए समाज ने अधिक कठोर नियम बनाये हैं। कहीं-कहीं तो वे बन्धनस्वरूप लगते हैं, इसलिए उन्हें प्रत्येक पग सँभालकर रखना पड़ता है।"

मेरे इस तर्क से वे तनिक भी विचलित नहीं हुए। हँसते हुए बोले– "ठीक है यश, भविष्य में ऐसी धृष्टता नहीं करूँगा, पर इतना स्मरण रखना, शीघ्र ही तुम कपिलवस्तु की राजवधू बनने जा रही हो।" इतना कहकर वे तीर की भाँति निकल गये और मैं देखती रह गयी। उस समय ऐसा प्रतीत हुआ जैसे वे मुझे आश्वस्त करने आये हों।

"बेटी, भोर कब की हो गयी, अभी तक तुम सो रही हो?"

मातृवत् परिचारिका के इस वाक्य ने मुझे स्वप्न-लोक से निकालकर यथार्थ जगत् में ला दिया।

"लगता है, कोई मधुर स्वप्न देख रही थी।" उसने मुस्कराते हुए कहा।

"तुम्हारा अनुमान सच है।" कहकर मैं भी मुस्करा उठी।

सत्ताईस

काषाय वस्त्र, मुंडित सिर और हाथ में भिक्षा-पात्र। इस वेश में होने की बात तो लोग सुना करते थे, पर जब लोगों ने प्रत्यक्ष देखा, तो एक नागरिक के मुँह से सहसा ये शब्द निकल गये–"समय! सच में तुम बहुत बलवान हो। जिस राजकुमार के शरीर पर मूल्यवान वस्त्र एवं अलंकार सुशोभित होते थे, जिसके लिए महाराज शुद्धोदन ने संसार की सारी सुख-सुविधाएँ उपलब्ध करा रखी थीं और जो राजप्रासाद से निकलता था, तो उसके दर्शन के लिए कपिलवस्तु की प्रजा अपनी व्यस्तताओं को तिलांजलि देकर सुविधाजनक स्थानों की खोज में सक्रिय हो जाती थी, आज वही भिक्षु के वेष में लोगों के बीच संसार की निस्सारता का उपदेश दे रहा है।"

कपिलवस्तु ने तो अपने राजकुमार का पलक-पाँवड़े बिछाकर स्वागत किया, पर उन्हें देखिए, आने के दूसरे ही दिन उन्होंने उसे हतप्रभ कर दिया। जहाँ उनके दर्शन के लिए लोग लालायित थे, वहीं जब वे भिक्षापात्र लेकर भिक्षाटन के लिए निकले, तो मैं अपना हृदय थामकर बैठ गयी। महाराज के तो पैर के नीचे की धरती ही जैसे खिसक गयी हो। उन्होंने आगे बढ़कर उनके हाथ से भिक्षा-पात्र छीन लिया और आवेश में बोले–"भन्ते, अपने इस कृत्य से कपिलवस्तु को लज्जित न करो। इस राजवंश की परम्परा के विपरीत आचरण करने का अधिकार तुम्हें नहीं है।"

"राजन्! मानता हूँ कि आपके राजवंश की यह परम्परा नहीं है, पर अब मैं आपके राजवंश का कहाँ रहा? हम बुद्धों की यही परम्परा है कि हम मानापमान से ऊपर उठकर जीवित रहने के लिए भिक्षाटन करें।"

"तुम जैसे महाश्रमण को मैं आदेश नहीं दे सकता, केवल अनुरोध

कर सकता हूँ। मेरी इच्छा है कि जब तक तुम कपिलवस्तु में रहो, भिक्षु संघ के साथ भिक्षा राजप्रासाद में ही ग्रहण करो।''

''ठीक है राजन्! आपकी इस इच्छा का मैं सम्मान करता हूँ।''

अगले दिन आर्यपुत्र जब राजप्रासाद के प्रांगण में पधारे, तो उनके दर्शन के लिए लोगों की भीड़ उमड़ पड़ी। उन्होंने एक-एक करके राजप्रासाद के सभी लोगों का कुशल-क्षेम पूछा। अन्त में उनका ध्यान मेरे ऊपर गया–''यशोधरा कहाँ है?''

इतना सुनते ही अम्ब प्रजापति गौतमी अपने आँसू न रोक सकीं, बुरी तरह रो पड़ीं। महाराज शुद्धोदन ने गर्व के साथ कहा–''महाश्रमण! तुम्हारे जाने के बाद यशोधरा ने जिस संयम को अपनाया, उसे आज तक नहीं छोड़ा। राजप्रासाद में रहते हुए भी वह विरक्त का जीवन जी रही है। भोजन एक समय करती है, वह भी जीवित रहने के लिए। शृंगार के साधनों से विरत होकर मात्र सिन्दूर का एक बिन्दु लगाती है। यह जान लो, यदि राहुल उसकी गोद में न रहा होता, तो सम्भवतः आज वह इस संसार में भी न होती।''

''वह यहाँ आयी क्यों नहीं?'' उन्होंने साश्चर्य पूछा।

''वह यहाँ क्यों नहीं आयी, इससे मैं भी अनभिज्ञ हूँ।''

''वत्स, ये क्या बतायेंगे, मैं बताती हूँ कि वह क्यों नहीं आयी। उसे छोड़कर तुम चोरी से जो चले गये थे, इसी से वह रूठी हुई है। यह तो तुम जानते ही हो कि वह कितनी मानिनी है। उसे पूर्ण विश्वास है कि तुम स्वयं उसे दर्शन देने उसके पास आओगे।''

''अच्छा, तो यह बात है। ठीक है, उसका मान रखने के लिए मैं स्वयं उसके पास जाता हूँ।''

हाँ, तो वे मौद्गल्यायन और सारिपुत्र के साथ मेरे प्रासाद में आये। मैंने श्रद्धापूर्वक उनकी वन्दना की और उनके चरणों पर गिरकर रोती रही। यद्यपि उस समय उनके शिष्यों ने ऐसा करने से मुझे रोकना चाहा, पर उन्होंने संकेत से उन्हें रोक-टोक करने से मना कर दिया।

अभी मैं उनके पाँव पर पड़ी अपनी व्यथा को आँसुओं से पूरी तरह से धो भी नहीं पायी थी कि महाराज शुद्धोदन आ गये। उनके सामने मैं आर्यपुत्र के चरणों में कैसे रह सकती थी? पारिवारिक मर्यादा भी तो होती है, फलतः हट गयी। सबसे बड़ी विडम्बना तो इस बात की रही कि न मैं उनसे कुछ कह पायी और न ही उन्होंने मुझसे कुछ कहने-सुनने की

आवश्यकता समझी। शिष्यों के साथ वे बाहर चले गये, मैं ठगी-सी देखती रह गयी।

आज सोचती हूँ, मैंने उस समय उन्हें इस तरह के उलाहने क्यों नहीं दी–'आप रात में हमें छोड़कर चुपचाप क्यों चले गये थे? गृह-त्याग के समय आपको इतना भी ध्यान नहीं रहा कि आपके बिना आपकी यशोधरा कैसे रहेगी? और तो और, आपके पुत्र राहुल का क्या होगा?'

वस्तुतः ऐसे सुखद अवसरों पर सारे उपालम्भ द्रवित होकर आँसुओं में परिणत हो जाते हैं। इसके अतिरिक्त उस समय यदि हम कुछ कहना भी चाहें, तो वाणी साथ कहाँ देती है? संयोग के उन दुर्लभ क्षणों में कुछ भी तो स्मरण नहीं रहता, भावुकता बुद्धि को दबोच जो लेती है।

राहुल ने जब अपने पिताजी को भिक्षु वेश में देखा, तो वह स्तब्ध रह गया। उसने उनके इस रूप की कल्पना तक नहीं की थी। वह उन्हें बहुत देर तक देखता रहा। पर आर्यपुत्र की उदासीनता देखिये, उनसे इतना भी न हो सका कि स्नेह से उसके सिर पर अपना हाथ ही फेर दें। आखिर था तो वह उन्हीं के हृदय का टुकड़ा। बुद्धत्व प्राप्ति के बाद उन्होंने न जाने कितने अनाथों को अपने स्नेह से अभिसिञ्चित किया होगा, न जाने कितने दीन-दुःखियों के आँसू पोछे होंगे, पर अपने पुत्र के लिए उनके स्नेह-सागर से एक बूँद तक न उछली।

महाराज शुद्धोदन ने प्रसन्नता के अतिरेक में नन्द का राज्याभिषेक, विवाह एवं गृह-प्रवेश, तीनों शुभ कार्यों का आयोजन एक साथ किया ताकि उस शुभ अवसर पर नन्द को महाश्रमण का आशीर्वाद मिल सके, पर नन्द को उनका ऐसा आशीर्वाद मिला कि पूरी कपिलवस्तु स्तब्ध रह गयी। हुआ यह कि वे भिक्षु-संघ के साथ आये और उसे उन्होंने आशीर्वाद भी दिया, पर जब वहाँ से जाने लगे, तो अपना भिक्षा-पात्र नन्द को थमा दिया और वह इस आशा में उनका अनुसरण करता रहा कि अग्रज उसे लौटने के लिए कहेंगे। नन्द को ही नहीं, इस तरह की आशा सभी को थी, पर कहाँ उन्होंने उसे लौटने के लिए कहा?

किसी को क्या मालूम कि उनकी नीयत क्या है। न्यग्रोध वन में पहुँचते ही उन्होंने नन्द की इच्छा के विरुद्ध उसे प्रव्रजित कर दिया, वह छटपटा कर रह गया। इस अप्रत्याशित घटना की सूचना जंगल की आग की तरह कपिलवस्तु में फैल गयी। मुझे तो जैसे साँप सूँघ गया, असहज हो उठी और मन ही मन लगी उन्हें व्यंग्यात्मक उलाहना देने–'आर्यपुत्र!

आप कितने महान हैं? कपिलवस्तु को दर्शन देकर आपने उसे कृतकृत्य कर दिया। महाराज शुद्धोदन क्या इसलिए आपके दर्शन के लिए व्याकुल थे कि आप उनसे नन्द को भी छीन लें? नन्द को भिक्षु बनाते समय आपको इतना भी ध्यान न रहा कि आपके वृद्ध माता-पिता कैसे जीवित रहेंगे? महाराज तो उसी समय टूट गये थे, जब आप उनके स्नेह के बन्धन को झटककर चुपचाप रात में निकल गये थे और आज नन्द को काषाय वस्त्र धारण करवाकर आपने उनके जर्जर हृदय को चूर-चूर भी कर दिया। कपिलवस्तु के शासन के भार को ढोते-ढोते महाराज के कन्धे थक गये थे, उन्होंने सोचा था कि नन्द का राज्याभिषेक करके वे राजनीति से संन्यास ले लेंगे, पर आपने उनकी वह लकड़ी भी छीन ली, जिसके सहारे वे येन केन प्रकारेण चल रहे थे। इतना ही नहीं, जनपद कल्याणी को तो आपने ऐसा आशीर्वाद दिया कि वह जीवन भर आपके इस उपकार के नीचे दबी रोती रहेगी।'

महाराज को जैसे ही यह ज्ञात हुआ कि महाश्रमण ने नन्द के केश कटवाकर उसे काषाय वस्त्र धारण करवा दिया, वह भी उसकी इच्छा के विरुद्ध, तो उन्होंने एक ऐसी दीर्घ निःश्वास ली, जिसे देखकर राजप्रासाद भयभीत हो उठा। उस समय उनकी दशा देखते नहीं बन रही थी। मेरी भी समझ में नहीं आ रहा था कि उस कारुणिक महाश्रमण की करुणा का स्वरूप क्या है? क्या दुःखी जनों को और अधिक दुःखी करना ही उनकी दुःख-निवृत्ति का स्वरूप है? जनपद कल्याणी का क्रन्दन देखकर कपिलवस्तु की स्त्रियाँ छाती थामकर बैठ गयीं। किसी में इतना भी साहस नहीं रह गया था कि वह उसको सान्त्वना दे सके। फिर, क्या कहकर सान्त्वना देतीं? क्या यह कहकर उसके आँसू पोछतीं कि दुःखी न हो बेटी, तुम्हारा पति यथाशीघ्र लौट आयेगा या यह कहकर उसे आश्वस्त करतीं कि नन्द भिक्षु वेश को त्याग कर भाग आयेगा। उस समय जनपद कल्याणी की दशा देखकर कपिलवस्तु की महिलाओं ने जो प्रतिक्रिया व्यक्त की, उसमें महाश्रमण के प्रति उनका आक्रोश स्पष्ट दिखाई दे रहा था। एक महिला ने तो यहाँ तक कह दिया–"यह तो अन्याय की पराकाष्ठा है। बड़े भाई होने के अधिकार का दुरुपयोग है। नन्द को बलात् भिक्षु बना देना कहाँ तक न्यायसंगत है? भला बताइये, यह बेचारी जोड़े से बिछड़े क्रौंच पक्षी की तरह क्रन्दन कर रही है और महाश्रमण तटस्थ भाव से लोगों को उपदेश दे रहे हैं। उन्हें महाराज शुद्धोदन की निरीहता पर भी दया नहीं आयी? अभी

तक तो नहीं, पर आज उन्होंने राजपरिवार को पूरी तरह से अनाथ कर दिया। इससे तो अच्छा था कि महाराज उन्हें कपिलवस्तु बुलवाते ही न।''

जनपद कल्याणी का रुदन देखकर मैं अपने दुःख को भूल गयी। वह मेरे गले से लगकर लगी अपनी वेदना व्यक्त करने–''दीदी, अब मैं कहाँ जाऊँ, किसके सहारे यह पहाड़ जैसी जिन्दगी काटूँ? आपके साथ तो यह था कि महाश्रमण का मन इस संसार से उचट गया था, जिससे उन्होंने अपने आप वैराग्य लिया, पर यहाँ तो उन्हें बलात् भिक्षु बना दिया गया। भ्रातृ-भक्ति का ऐसा फल कदाचित् ही किसी को मिला हो।''

मैंने उसके आँसू पोछते हुए कहा–''रोओ नहीं बहन, धैर्य से काम लो। मुझे देखो, मेरी आँखें कैसी सूनी-सूनी हो गयी हैं? रोने से क्या मिला? दुःख में ही तो वृद्धि हुई। इतने दिनों के बाद वे आये भी, तो भिक्षु के रूप में। एक ओर वे लोगों को तृष्णा से दूर रहने की सीख दे रहे हैं और दूसरी ओर उनका अपनी ही तृष्णा पर नियंत्रण नहीं है। इस तरह भिक्षुओं की संख्या में वृद्धि करने की ललक तृष्णा नहीं तो और क्या है? यदि वे लोगों को इसी तरह भिक्षु बनाते रहे, तो जम्बूद्वीप में गृहस्थों की संख्या नहीं के बराबर हो जायेगी, फिर इन भिक्षुओं को भिक्षा कौन देगा? जब से वे कपिलवस्तु में पधारे हैं, न जाने कितने लोग भिक्षु बन गये हैं। माताएँ, बहनें और पत्नियाँ बैठीं अपने दुर्भाग्य पर आँसू बहा रही हैं।'' इतना कहते-कहते मैं स्वयं रो पड़ी।

''दीदी, आपके जीने का सहारा राहुल तो है। उसे देख-देखकर आप अपने दुःख को पीकर जीती रहीं और आगे भी जी लेंगी, पर मैं तो हर तरह से अनाथ हो गयी। मेरे तो सब कुछ वही थे। महाश्रमण के यहाँ आने की सूचना पाकर उन्हें लेकर मन में जो क्षोभ था, वह दूर हो गया था। मन प्रफुल्लित हो उठा था। सोचा, उस महामानव के दर्शन से मेरा भी जीवन सार्थक हो जायेगा और मैं कृतकृत्य हो जाऊँगी, पर उनके इस कदम ने मेरी श्रद्धा को चूर-चूर कर दिया। मेरी दशा उस हिरणी की है, जिसके देखते-देखते उसके जोड़े को पकड़ लिया जाता है और वह निरीह आँसू बहाती रह जाती है। ईश्वर करे, इस तरह का आशीर्वाद किसी को भी अपने अग्रज से न मिले।'' इतना कहकर वह बुरी तरह से बिफर पड़ी।

उस समय आर्यपुत्र के उस कृत्य को लेकर मेरे मन में जो प्रश्न और विचार उठ रहे थे, वे इस प्रकार थे–'किसी के जीवन की प्रसन्नता छीन लेने का उन्हें क्या अधिकार है? उनसे कौन पूछे कि इस तरह किसी को

उसकी इच्छा के विरुद्ध काषाय वस्त्र धारण कराकर उसके हाथ में भिक्षा-पात्र थमा देना कहाँ तक उचित है। उन्हें कोई समझाने वाला भी तो नहीं है। फिर, महाश्रमण को समझाने का साहस भी तो नहीं किया जा सकता। वे तो सारे संसार को समझा रहे हैं। एक से एक राजा-महाराजा उनके सामने नतमस्तक हो रहे हैं। फिर भी, यदि अवसर मिला, तो मैं उनका ध्यान अवश्य इस ओर आकृष्ट करूँगी और कहूँगी कि भिक्षुओं की संख्या बढ़ाने के मोह में किसी परिवार को अनाथ न करें।

अट्ठाईस

मुझे क्या पता था कि एक पिता दायज के रूप में अपने नन्हें-मुन्ने के हाथ में भिक्षा-पात्र थमा देगा। मैंने ही तो राहुल को यह सिखाकर उनके पास भेजा था–'पिताजी, मुझे मेरा दायज दो।' इस वाक्य को रटता हुआ वह उनके पीछे-पीछे न्यग्रोध वन तक चला गया। कुछ देर के बाद जब महाराज का ध्यान इस ओर गया कि राहुल महाश्रमण के पीछे-पीछे न्यग्रोध वन गया है और अभी तक लौटा नहीं, तो उन्हें शंका हुई कि कहीं नन्द की तरह महाश्रमण उसे भी न प्रव्रजित कर दें, इसलिए महाराज तुरन्त न्यग्रोध वन गये और वहाँ उन्होंने जब राहुल के हाथ में भिक्षा-पात्र देखा, तो उनका आक्रोश फूट पड़ा–"महाश्रमण, तुमने यह क्या किया? मेरे वंश के एकमात्र अवलम्ब को भी भिक्षुसंघ में सम्मिलित कर लिया? तुमने जब नन्द को प्रव्रजित किया, तो मैं टूटकर भी इस आशा के साथ जीवित रहा कि कपिलवस्तु के राज्य-सिंहासन पर राहुल को आरूढ़ करके अपने राजवंश की रक्षा करूँगा, पर आज तुमने मेरी इस आशा पर भी तुषारपात कर दिया।"

और मुझे देखिए, अभी तक मैं इस बात को लेकर प्रसन्न थी कि राहुल अपने पिता के पास गया है। वे अपने बेटे को देखकर प्रसन्न हो रहे होंगे और मन ही मन मेरी प्रशंसा कर रहे होंगे कि यशोधरा ने मेरी अनुपस्थिति में राहुल को पाल-पोसकर इतना बड़ा कर दिया। मेरी तो यहाँ तक इच्छा थी कि वे जब तक कपिलवस्तु में रहें, राहुल उनके सान्निध्य में रहकर उनका आशीर्वाद प्राप्त करता रहे।

वहाँ से जब महाराज लौटे और उनके साथ राहुल को मैंने नहीं देखा,

तो मेरी व्यग्रता मुखर हो उठी–"तात! मेरा बेटा कहाँ रह गया? आपके साथ क्यों नहीं आया?"

"कुछ मत पूछो बेटी, कुछ मत पूछो" कहकर वे बुरी तरह रो पड़े।

"बहू, धैर्य से काम लो" प्रजापति गौतमी मेरे सिर पर हाथ फेरती हुई सान्त्वना देने लगीं।

"अम्ब हुआ क्या, जो तात इस तरह रो रहे हैं और आप मुझे धैर्य धारण करने के लिए कह रही हैं?"

"जो नन्द के साथ हुआ था, वही तुम्हारे पुत्र के साथ भी हुआ।" प्रजापति गौतमी ने भरे गले से कहा।

"तो क्या उन्होंने राहुल को भी प्रव्रजित कर दिया?"

"हाँ बेटी, महाश्रमण ने उस अबोध के भी हाथ में भिक्षा-पात्र थमा दिया।"

"हे भगवान, यह क्या हुआ? उन्होंने मेरे लाल को भी छीन लिया? उधर जनपद कल्याणी को अनाथ किया और इधर मुझ असहाय को भी निर्जीव कर दिया। उनकी तरह हम लोग सुख-दुःख से ऊपर थोड़े ही उठ गये हैं कि हर परिस्थिति में तटस्थ रहेंगे। हम तो साधारण मनुष्य हैं और साधारण बने भी रहना चाहते हैं। क्या दुःखीजनों के दुःख में वृद्धि करना ही उनकी दुःख-निवृत्ति का आधार है?" इतना कहते-कहते मैं बुरी तरह से बिलख पड़ी।

"शान्त हो बेटी, महाश्रमण के इस कदम से पूरा राजप्रासाद विचलित हो गया है। विवाह के पूर्व किसी लड़की से उसके होने वाले पति को भिक्षु बना देना और एक दुःखियारी से उसकी एक मात्र सन्तान को छीन लेना उस महाश्रमण का न जाने कौन-सा धर्म है? उधर जनपद कल्याणी क्रन्दन कर रही है और इधर तुम्हारा दुःख असीम होता जा रहा है। क्या करूँ बेटी, मैं भी तो उस महाश्रमण के सामने विवश हूँ। महाराज को देखो, वे किस तरह सिर पीट-पीटकर रो रहे हैं। हम लोगों का तो सब कुछ छिन गया।"

"अम्ब, पिताजी की इच्छा के विरुद्ध मैंने उन्हें पति के रूप में वरण किया और हृदय का सारा स्नेह उनके चरणों में अर्पित कर दिया और प्रतिदान में मिला वियोग। उन्होंने जब गृह-त्याग किया, तो उनके वियोग-जन्य दुःख को राहुल के सहारे सहन करती रही और आज उन्होंने उसे भी छीन लिया। मैं पूछती हूँ, महाश्रमण ने क्या किया है राहुल के लिए, जो मेरी अनुमति के बिना उसे प्रव्रजित कर दिया? मैंने उसे किस तरह पाला-

पोसा है, उसे मैं जानती हूँ। लोग कहते हैं कि बुद्ध महाकारुणिक हैं, उनके दर्शन मात्र से वेदना दूर हो जाती है, पर मुझसे और जनपद कल्याणी से कोई पूछे कि उन्होंने हम दोनों की वेदना किस तरह दूर की है।''

''बेटी, धीरज धरो, इस तरह आक्रोश व्यक्त करने से कुछ नहीं होने वाला है।''

''अम्ब, अब बचा ही क्या है, जिसके लिए धीरज धरूँ। तात से जाकर कह दें कि वे मेरे पुत्र को वहाँ से ले आयें, नहीं तो मैं...।''

''उनमें इतना साहस कहाँ, जो महाश्रमण से राहुल को माँग सकें।''

''ठीक है, यदि उनमें साहस नहीं है, तो मैं स्वयं जाती हूँ और अपने बेटे को वहाँ से ले आती हूँ।''

इसी बीच भीड़ को चीरता हुआ एक प्रव्रजित आया और लगा मुझे सान्त्वना देने–''नहीं बेटी नहीं, तुम्हें ऐसी धृष्टता नहीं करनी चाहिए। महाश्रमण ने जो किया, वह सर्वथा उचित है। वे कपिलवस्तु के राजा तो हैं नहीं जो तुम्हारे पुत्र को राजसिंहासन पर बैठा देते। अरे, दायज के नाम पर उनके पास जो था, उसे उन्होंने दिया। तुम्हें तो इस बात को लेकर गौरवान्वित होना चाहिए कि उन्होंने राहुल को प्रव्रज्या जैसा अनमोल रत्न दिया। इससे न केवल उसका, अपितु तुम्हारा भी जीवन धन्य हो गया। देख तो रही हो, संसार किस तरह युद्ध और हिंसा की अग्नि में झुलस रहा है। चारों ओर तो त्राहि-त्राहि मची हुई है। ऐसी भयावह परिस्थिति में भगवान् की अमृत-वाणी ही लोगों की रक्षा कर सकती है और उसे जन-जन तक पहुँचाना एक यज्ञ है और इस यज्ञ में हम सभी को अपने स्वार्थों की आहुति देनी होगी।''

तदनन्तर उस प्रव्रजित ने बड़े स्नेह से मेरे आँसू पोछे और आशीर्वाद देकर वे इतने झटके से निकल गये कि किसी को प्रणाम करने का ही अवसर न मिला, लोग देखते रह गये। उस समय मुझे ऐसा लगा जैसे प्रव्रजित के रूप में कोई शान्तिदूत आकर अपनी अमृत-वाणी से मेरे दुःख-सन्तप्त हृदय को शीतल कर गया हो और कुछ समय के लिए मुझे शान्ति मिली भी, पर उनके जाने के बाद मैं पुनः पुत्र-विछोह में तड़पने लगी। मेरे मुँह से बार-बार यही निकलता–'मैं राहुल के बिना नहीं जी सकती।' इतना ही नहीं, उस समय मेरा आक्रोश मुझे इस बात के लिए बाध्य करने लगा कि मैं आर्यपुत्र के पास जाऊँ और राहुल को उनकी शरण से उठा लाऊँ, पर कहाँ कर पायी ऐसा? कुलवधू की मर्यादा जो आड़े आ गयी। फलतः

छटपटाकर रह गयी। और तो और, उस समय राजप्रासाद के जो लोग मुझे सान्त्वना दे रहे थे, वे भी तो अपने आँसू नहीं रोक पा रहे थे।

बिडम्बना तो इस बात की है कि आर्यपुत्र ने एक माँ के हृदय को समझने का प्रयास नहीं किया। उन्हें इस बात की चिन्ता नहीं हुई कि राहुल को प्रव्रजित कर देने से राहुल-माता पर क्या बीतेगी। वैसे राहुल जब तक उनके साथ कपिलवस्तु के न्यग्रोध वन में था, तब तक तो मेरे दुःख की कुछ सीमा भी थी, पर जब वह उनके साथ कपिलवस्तु से चला गया, तब मेरा दुःख सीमातीत हो गया। अब तो यह संसार, यह राज्य और यह राजप्रासाद, सबके सब सूने लगने लगे हैं। लगता है, जीवन में कुछ है ही नहीं।

□□